서양고전관통 4

필독 고전
서양고전관통 **4**

초판 1쇄 인쇄 2023년 5월 20일
초판 1쇄 발행 2023년 5월 30일

지은이 이종필
펴낸이 정성준

펴낸곳 도서출판 목양
등록 2008년 3월 27일 제 2008호-04호
주소 경기도 용인시 처인구 양지면 학촌로53번길 19
전화 070-7561-5247 팩스 0505-009-9585
홈페이지 www.mokyangbook.com
이메일 mokyang-book@hanmail.net

ISBN 979-11-92332-18-5 (04230)
        979-11-92332-14-7 (세트 전 4권)

하나님 나라 관점으로 읽는 서양 고전

서양
고전
관통

4

필독 고전

이종필 지음

킹덤처치연구소

복음설교자로 태중에서부터 나를 부르신 하나님, 학부에서 인문학을 전공하도록 권하시며 목회자의 길로 이끌어주신 아버지, 읽고 쓰고 강의하는 동안 가정에서 많은 일을 감당해준 헌신적인 어머니와 아내, 연구의 기회를 주신 교회성장연구소 식구들, 옆에서 자료를 제작하는 일에 헌신한 송민정 간사, 인강을 만드는 데 헌신적으로 수고해 준 박현종 목사, 인문학적 영감의 원천인 시은, 지민, 재현, 특히 가슴으로 낳은 막내아들 일우에게 감사의 마음을 표합니다.

저자의 인문학적 통찰과 영역이 넓고도 깊다. 치열한 노력과 성실함, 그리고 방대한 지식과 해석에 박수를 보낸다. 기독교적 관점에서 읽는 서양고전은 그 맛이 다르다. 서양고전의 관점으로 성경을 읽어내는 노력들은 많았지만, 의외로 성경적 관점에서 서양고전을 논하는 책들은 많지 않았다. 저자는 본서에서 그 과감한 시도를 하고 있으며, 그 결과는 매우 성공적이다. 신화에서부터 현대문학에 이르기까지 그 독특성과 업적을 드러내면서도 분명한 한계를 짚어 내어 기독교인의 관점에서 어떻게 고전을 읽어내고 적용점을 찾아야 하는지 친절한 안내자의 역할을 하고 있다. 저자의 바람처럼 원전을 펼치기 전 본서를 먼저 읽기를 강력히 추천한다. 신화의 마을에서 출발해 고전문학의 정거장을 지나 성경의 종착역에 이르게 되는 멋진 여행이 될 것이다.

최병락 목사 | 강남중앙침례교회 담임, 월드사역연구소 소장,
<바람을 잡는 그대에게> <목회 멘토링> <부족함> 저자

현대를 사는 우리에게 고전을 읽는 것의 중요성은 아무리 강조해도 지나치지 않습니다. C. S. 루이스는 옛날 책 즉 고전을 읽는 것의 유익에 대해서 '지나간 수 세기의 깨끗한 바람이 우리의 정신에 계속 불어오게 만

들어 시대정신의 포로가 되는 것을 피할 수 있다'고 하였습니다. 특별히 고전은 시대를 뛰어넘어 인류 공통의 문제들을 이야기 형식으로 집약, 축적하여 계승 발전시켜왔기 때문에 우리는 고전을 통해 사람을 이해할 수 있는 지혜를 얻을 수 있습니다. 하지만 서양 고전 또한 인간의 지식과 지혜가 집약된 고도의 산물일지라도 '인본주의'라는 한계를 가지고 있습니다. 고전을 읽어내는 것도 중요하지만 어떤 관점으로 읽고 해석하고 소화하느냐가 더 중요합니다.

저자가 심혈을 기울여 집필한 이 책은 독자가 성경과 복음의 안경을 쓰고 서양 고전을 읽어갈 수 있도록 인도하는 훌륭한 길잡이입니다. 특별히 저와 같은 목회자에게 이 책은 목회의 가장 기본이 되는 '사람을 이해하는 것'의 깊이를 더해갈 뿐 아니라 매주 치열하게 진행하는 설교 준비에도 큰 도움을 줄 것이라고 생각합니다. 무엇보다 각 고전 작품과 성경을 연결하는 구조가 정말 탁월하여 고전의 이해는 물론, 해당 성경본문을 새로운 관점으로 볼 수 있는 통찰력도 얻을 수 있습니다. 고전을 통해 배우는 역사와 철학, 시대정신은 물론이요, 사람을 깊이 이해함과 동시에 성경을 폭넓게 이해할 수 있도록 도와주고 있습니다. 지성과 영성이라는 두 마리 토끼를 잡을 수 있는 좋은 기회이기에 기쁜 마음으로 추천합니다.

이인호 목사 | 더사랑의교회 담임,
<기도하면 달라진다> <기도하면 살아난다> 저자

2023년 2월 유럽 유학생들과 유럽 한인 2세들을 위한 연합수련회인 코스테에서 이종필 목사님을 처음 뵈었습니다. 목사님이 강의를 들으면서 강호의 고수를 만난 느낌이었습니다. 처음 만난 회중들의 마음을 한순간에 허물고 즐겁게 소통하는 그 모습에 매료되고 말았습니다. 그리고 목사님이 어떤 분인지 궁금해졌습니다. Koste 모든 일정을 마치고 돌아오

는 비행기 안에서 목사님께서 건네주신 이 책의 원고를 읽기 시작했습니다. 그리고 한순간에 회중과 소통하며 메시지 안으로 회중을 끌어당기는 그 힘의 원천이 어디에 있는지 알게 되었습니다.

저자는 대학에서 문학을 전공하였고, 오랫동안 인문학적인 책읽기를 계속해 왔습니다. 그리고 동료들과 후배들에게 그가 받은 '아하'의 경험을 계속 나누어 왔습니다. 이 책은 그 나눔의 결과물입니다. 이 책은 인문학적인 창으로 성경을 바라보며 우리의 최종 목적이 되신 예수 그리스도를 만나게 하며, 성경의 눈으로 고전과 명저들을 해석하여 이 세상을 향한 복음적 메시지를 찾게 합니다. 이 책이 출간되면 저는 가장 먼저 우리교회 성도들과 필독하게 될 것입니다. 이 책을 모든 독자에게 기쁨으로 추천합니다.

손철구 목사 | 홍익교회 담임

나는 이종필 목사를 처음 만난 날을 잊지 못한다. 그의 명성을 익히 들어서 알고 있었는데, 마침 그의 강의를 들을 기회가 있어 찾아갔다가 별도로 만나 대화할 수 있었다. 이전에 그를 책으로만 대했던 터라 딱딱하고 지성적인 인물일 줄만 알았는데, 그는 그러할 뿐 아니라 친절하고 유쾌했다. 대화뿐 아니라 강의를 들으면서 그가 오늘날 교회와 사회가 처한 현실을 정확히 진단하고 실질적인 대안을 제시하는 것을 보며 통찰을 얻었다. 이제 나는 그가 쓴 책으로 교회에서 하나님나라 제자훈련을 인도하고 있다. 당연히 만족도가 높다.

이번에 그가 보내준 이 책의 원고를 읽으면서 다시 한번 그의 역량에 놀랐다. 우선, 나같은 사람은 도저히 엄두도 내지 못할 책을 쓴 그에게 존경과 찬사를 보낸다. 필시 그가 문학과 신학을 모두 탁월하게 습득했기에 이런 글을 쓸 수 있었을 것이다. 나는 이 책의 추천사를 쓰게 되어서 너무나 감격스럽다. 나는 다음과 같은 이유로 이 책을 강력하게 추천한다.

첫째, 이 책은 재미있다. 술술 읽힌다. 나는 이 책을 읽으면서 다른 일을 할 수 없었다. 독자들께서도 이 책을 한번 읽기 시작하면 나처럼 깊이 빠져들 것이다. 순식간에 전 권을 다 읽게 될지도 모른다. 특히 이 책의 구성은 가독성을 촉진한다. 저자는 고전들을 소개할 때 '인트로'를 제시하고, '묵상을 겸한 프리뷰'를 제공한 후, '하나님 나라 관점으로 작품요약'을 한다. 이러한 구성은 아직 고전을 읽지 않은 사람에게 고전 읽기를 대신할 수 있게 하여 고전을 꼭 읽어야지 하면서도 읽지 못했던 부담감으로부터 해방을 얻게 하고, 이미 고전을 읽은 사람에게 성경적 렌즈로 고전을 이해할 수 있게 하여서 고전 읽기를 더욱 의미있게 한다.

둘째, 이 책은 성경을 더욱 정확하고 풍요롭게 이해할 수 있게 해 준다. 저자는 고전을 꼼꼼하고 정밀하게 분석하면서 성경과의 연관성을 제시한다. 고전의 모티프가 성경의 모티프와 어떻게 상관되는지를 타당하게 설명해준다. 즉 독자들은 고전에 소개된 사람들의 사고방식, 행동양식, 문화관, 언어의 용례 등이 성경적으로 어떻게 평가될 수 있는지를 보게 된다. 성경은 사회와 문화를 배경으로 하여 기록되었기에 성경을 이해하려면 사회적 문맥을 이해하는 것이 필수이다. 이는 성경 이해가 문자적 차원에서 그치면 안 된다는 점을 시사한다. 더욱이 하나님의 계시는 대단히 풍요롭고 다채롭다. 따라서 성경을 알기 위해서는 사회와 역사와 문화를 알아야 하는데, 고전 읽기는 그러한 점을 가능하게 해 준다.

셋째, 이 책은 기독교 세계관을 정립해 준다. 저자는 성경적 관점으로 고전들을 설명한다. 원래 서양 고전은 기독교 세계관을 바탕으로 하는 것도 있고 그것을 어느 정도 공유하는 것도 있다. 혹은 기독교를 반대하는 입장에 서있는 것도 있다. 그러므로 저자의 안내를 따라가다 보면 고전을 마냥 재미있거나 교훈적인 책으로만 여기게 되는 것이 아니라 어느새 기독교적 사고체계 형성과 발전이라는 선물을 받게 된다. 즉 이 책을 통해서 우리가 세상을 어떻게 바라봐야 하는지를 배울 수 있게 된다. 따라서 이 책을 교회에서 그룹 공부용으로 사용해 볼 것을 제안한다. 여러 사람이 이 책을 읽고 토론을 벌이다 보면 성경적 시야로 세상과 인간을 바라보는 힘을 키울 수 있게 될 것이다.

넷째, 이 책은 우리가 어떻게 성경을 시대의 언어로 설명하고 전파해야 하는지를 가르쳐준다. 고전은 사람들의 보편적인 인식과 세계관을 담고 있다. 따라서 고전을 읽으면 사람과 사회를 바로 해석하게 되어서 우리가 사람들에게 나아가 그들의 형편과 처지에 맞게 성경을 전할 수 있게 된다. 곧 우리를 말이 통하는 전도자가 되게 한다. 실제로 오늘날 성경을 가르치는 사람들이 시대정신과 문화를 이해하지 못한 채 폐쇄된 가르침과 답답한 화술로 사람들과의 접촉점을 상실하는 일이 많다. 그러나 성경의 관점으로 고전을 읽으면 그러한 문제가 상당 부분 해결된다. 이제 이 책을 읽으므로 지혜로운 전도자와 교사가 되어 보자.

그러므로 나는 이 책을 강력하게 추천한다. 이 책을 읽으면 성경이 더욱 의미있는 메시지가 될 것이며, 기독교적 사고체계를 견고히 갖추어서 세상을 올바르게 이해하고 분별할 수 있을 것이고, 말이 통하는 전도자가 되어서 복음을 더욱 잘 가르칠 수 있을 것이다. 나는 가급적 많은 그리스도인이 이 책을 읽기를 기대한다. 더욱이 비그리스도인들도 이 책을 읽을 수 있다면 좋겠다. 고전이란 모든 사람이 공유하는 것이고 저자가 일상의 글투로 썼으니 이 책이 그들에게 쉽게 다가갈 수 있으리라 본다. 그런 면에서 나는 이 책이 훌륭한 기독교 변증서가 될 것이라 믿는다. 그들이 이 책을 읽는다면 성경이 보편타당한 진리임을 깨닫게 될 것이고, 아울러 그리스도인들의 부족함으로 인해 생긴 기독교에 관한 오해가 해소될 것이다.

황원하 목사 | 산성교회 담임
<설교자를 위한 마가복음 주해> <요한복음> <사도행전> 저자

저자의 강의를 들을 기회가 있었습니다. 하나님이 만드신 자기 얼굴로 (?) 탁월하게 청중들을 집중시켰습니다. 자기 얼굴 뒤에서 역사하신 하나님 나라를 전하는 것을 보았습니다. 하나님은 자신의 형상을 따라 사람을 만드셨습니다. 이 말은 사람을 잘 알아야 하나님 나라를 쉽게 이해할 수 있다는 말입니다. 이 책은 서양 고전을 통해서 사람을 이해하게 만든 책입니다. 그래서 하나님 나라와 복음을 쉽게 이해하도록 도움을 주는 너무 좋은 책입니다. 읽기 어려운 고전을, 생각 없이 읽게 되는 고전을 하나님 나라와 연결하여 은혜를 부어주는 책입니다. 이런 놀라운 책을 쓴다는 것이 부럽기도 하고, 놀랍기도 합니다. 코로나 기간에 이 귀한 책을 집필하여 한국 교회에 내놓게 하신 주님께 감사하며 본 책을 적극적으로 추천하는 바입니다.

장동학 목사 | 하늘꿈연동교회 담임

차례

서양 고전의 원천인 신화 캐릭터들은
지금도 살아 있다.

  얼마 전 통계에 따르면 유럽에서 하루 등록되는 상표의 60%가 그리스
로마 신화에서 아이디어를 차용한다고 한다. 그리스로마 신화 속에 등장
하는 캐릭터들을 전 세계가 공유하고 있기 때문일 것이다. 세계 최고 온
라인 상거래 플랫폼 Amazon은 트로이전쟁에서 패색이 짙었던 트로이를
도와 그리스연합군의 전사 아킬레우스와 싸웠던 용맹한 여성부족 아마조
네스에서 이름을 따왔다. 부족을 지키기 위해 한쪽 가슴을 절제하고 활을
쏘며 용맹하게 싸웠다는 전설의 여성전사들처럼 Amazon은 자신들의 플
랫폼으로 전 세계 온라인 상거래 시장을 맹렬하게 정복하고 있다. 이 이
름은 이미 수백 년 전 남미를 침략한 유럽인들이 큰 강에 붙인 이름이기
도 하다. 머리가 긴 원주민들이 활을 들고 유럽인들과 싸우러 나왔을 때,
그들은 신화 속 여성전사를 연상했다. 이 외에도 아마존은 볼보의 중형차
이름으로, 만화 원피스에 등장하는 여성들만의 섬 이름으로, 디아블로의
여전사 캐릭터 이름 등 열거할 수 없을 정도로 많이 차용되었다. 아마조
네스 전사들은 세계 수많은 사람들의 입에 오르내리며 지금도 살아 자신

들의 이야기를 나누고 있는 셈이다.

이런 예는 우리 주변에서 쉽게 찾아볼 수 있다. 제우스의 전령 헤르메스의 모자를 이미지로 사용하여 한국인들에게 갖가지 소식을 전해주는 전령 역할로 우뚝 선 네이버, 오디세우스 일행을 유혹했던 세이레네스를 차용하여 커피와 함께 특별한 분위기로 전 세계인들을 매혹하는 데 성공한 스타벅스, 가정과 결혼의 신이자 제우스의 아내 이름을 따 최고급 화장품의 지위를 누리고 있는 헤라 등 우리나라의 기업이나 제품 이름으로도 신화의 캐릭터는 왕성하게 활동하고 있다. 헤라의 로마식 이름 유노(Juno)는 유럽에서 결혼하기 가장 좋은 계절인 6월의 이름이 되어 지금도 여전히 여왕의 지위를 누리고 있다(June).

캐논의 카메라 브랜드 에오스(그리스식 Eos, 로마식으로 Aurora, 영어 발음으로는 오로라)는 새벽의 신 이름으로 사진작가들이 풍경을 담기 가장 좋은 신비한 시간의 이미지를 풍기고 있다. 영웅 페르세우스가 죽인 괴물 메두사는 원래 치명적인 매력을 가진 아름다운 여성이었으나 아테나 여신의 저주를 받아 머리카락이 뱀이 되었고, 그녀를 보는 사람은 돌이 되어 누구와도 사랑할 수 없는 불행한 캐릭터가 되었다. 1978년 이탈리아의 패션 디자이너 지아니 베르사체가 누구든지 빠져들게 만드는 불행한 팜므 파탈 메두사의 이미지를 활용하여 베르사체라는 명품 브랜드를 고안했다. 이 명품 브랜드는 많은 여성들을 마비시켜 막대한 돈을 소비하게 만들고 있으니 메두사는 여전히 현대 여성들의 마음을 강탈하고, 사람들을 마비시키는 존재로 생명력을 유지하고 있다.

온라인 게임을 통해서 신화의 캐릭터들은 젊은 세대들을 사로잡았다.

메두사 이미지를 차용한 스타크래프트의 캐리건은 억울하게 피해자가 된 분노로 가해자가 된 캐릭터다. LOL의 카시오페아는 상체가 여자이고 하체가 뱀인 괴물 라미아의 이미지를 차용했다. 신화 속에서 라미아는 원래 리비아의 여왕이었으나 제우스의 연정의 대상이 되어 헤라의 저주를 받고 아이들을 훔쳐다 산채로 잡아먹는 괴물이 되었다. 이 캐릭터는 리니지에도 등장한다. 테세우스를 영웅으로 만들어 준 괴물 미노타우루스(사람 몸에 얼굴은 소인 괴물)를 캐릭터화한 알리스타(리그 오브 레전드)와 타우렌(워크래프트)에 얽힌 이야기는 모르는 이가 거의 없다. 이렇게 서양 고전의 원천이 된 신화의 캐릭터들은 지금도 살아 있다.

그리스로마 신화는
우리 모두의 이야기다.

　신화는 황당무계한 막장전설이 아니다. 신화란 이 세상의 기원에 대해 답을 찾고 싶어 하는 인간의 본성에서 탄생한 필연적인 결과물이다. 고대의 모든 문명은 각자의 신화를 만들어냈다. 그들의 정신은 기원을 설명할 수 있는 무엇인가를 만들어낼 수밖에 없었던 것이다. 그들은 신화 속에서 인생에서 겪는 수많은 사건을 해석할 수 있는 공식을 찾았다. 또한 이해할 수 없는 자연현상의 원인을 제공하여 미래의 방향을 결정하게 해 주는 납득할만한 설명을 얻어낸 것이다. 신화는 그들에게 자신이 누구인지, 세상은 어떻게 생겼으며, 세상의 모든 문제는 어떻게 발생하는지, 그래서 인간은 어떻게 살아야 하는지를 설명한다. 신화는 인간의 정신세계에 꼭 필요한 양식, 없으면 존재할 수 없는 그 무엇이었던 것이다. 그들은 신화를 통해 인생에 대한 철학적 사유를 한 것이며, 모든 자연현상에 대한 과학적 답변을 얻었던 것이다.

이렇게 인류 정신세계에 생명을 공급하는 신화는 이야기라는 형태를 가졌다. 왜 교리나 격언이 아닌 이야기라는 방식으로 신화가 전해졌을까? 그것은 인간 정신과 가장 맞는 것이 이야기이기 때문이다. 우리 모두는 어릴 때 누구나 제일 먼저 이야기를 접한다. 이야기는 강한 호기심을 유발하고, 강렬하게 기억 속에 저장된다. 이야기를 듣는 사람은 졸지 않는다. 왜냐하면 그 이야기 속에서 자신을 발견하기 때문이다. 신화는 세상의 기원을 모두 이야기 형태로 설명한다. 카오스에서 가이아(땅)가 나왔고, 그녀가 우라노스(하늘)를 낳았다. 가이아와 우라노스가 결혼하여 많은 자녀들, 크로노스(시간), 휘페리온(빛), 오케아노스(바다) 등을 낳았다. 이것은 실제 결혼과 성을 통한 출산을 의미하지 않는다. 세상의 기원을 이야기로 설명하고 있는 것이다.

정리하자면 신화는 정신을 가진 인간에게 꼭 필요한 기원에 대한 설명, 인생의 많은 문제들에 대한 해석의 틀, 자연 현상에 대한 답변을 주는 근본적인 이야기다. 지금도 우리는 종교와 철학과 과학을 통해 우리의 기원과 정체성에 대한 설명을 찾는다. 우리 인생에 일어나는 수많은 사건들을 해석할 수 있는 틀을 구성하려 노력한다. 그리고 자연 현상을 연구한다. 답을 찾는 방식이 조금 달라졌을 뿐 인간의 정신은 근본적으로 신화가 주었던 답을 필요로 하고 있다. 우리는 신화를 만든 고대 인류들과 마찬가지로 동일한 정신 활동을 하고 있다. 따라서 신화는 바로 우리들의 이야기라고 할 수 있다. 이제 우리는 신화가 제공하는 세계관을 다 받아들이지는 않는다. 그러나 우리의 정신 활동에 신화가 매우 중요한 역할을 하고 있음을 부인할 수 없다.

서양인문학은 그리스로마 신화에서 출발하여 서양고전으로 이어진다.

우리는 왜 동양인문학이 아니고 서양인문학을 공부하는가? 억울하지만 동양의 신화, 우리 한국의 신화는 서양에서는 물론이고, 동양 안에서도 많이 소비되지 않는다. 서양인문학 콘텐츠들이 게임이나 만화, 영화나 드라마 분야에서부터 모든 학문의 영역에서까지 훨씬 많이 소비된다. 인문학 콘텐츠는 많이 소비되어야 다양한 형태로 패러디되며, 재창조의 과정을 통해 풍성해진다. 서양인문학에 비해 동양인문학은 영화나 책, 드라마나 노래 등으로 재창조되는 일이 드물다. 청나라가 몰락하고 중국이 공산화의 길을 가면서 이런 현상은 더욱 두드려졌다. 적어도 16세기 이후로, 그 전에 중세 수도원에서 대학이 생긴 이후로, 서양이 문화적인 측면에서 동양을 앞서나갔고, 현재 전 세계가 서양인문학을 소비하고 있다는 것은 어쩔 수 없는 사실이다. 이 말은 우리의 잡담에서부터 거대한 문화 콘텐츠에 이르기까지 이 시대의 문화 속에서 서양인문학이 대세가 되어 재창조되고 있음을 의미한다. 그리스로마 신화에서 시작되어 성경과 어우러져 재탄생되었던 서양고전은 전세계인의 문화가 되었다. 심리학자 프로이트가 오이디푸스 왕으로 자신의 이론을 설명하고, BTS가 디오니소스를 노래한다. 우리는 서양인문학을 공부할 수밖에 없다.

서양 정신세계의 결과물이라 할 수 있는 서양인문학은 그리스로마신화에서 시작된다. 그리스로마 신화의 시작은 그리스의 영웅 테세우스의 아버지 아이게우스가 몸을 던진 데서 유래한 에게해 문명에서 시작한다. 사실 이 문명은 해상을 주름 잡던 페니키아인들이 메소포타미아와 이집트의 문명을 전하면서 시작된 후발문명이다. 그러나 이 문명은 크레타 섬에서 시작하여 그리스 본토 미케네 문명(트로이 전쟁의 총 사령관 아가멤논 왕의 나라)을 이루며 발전해갔고, 자신들의 세계관을 통해 신화를 만들었다. 구전되던 그 이야기들은 고대 그리스의 전성기인 기원전 8~5세기(남북으로 나눠진 이스라엘이 앗수르와 바벨론에 의해 포로가 된 시기)에 이르러 서양 문명의 아버지라 할 수 있는 호메로스와 헤시오도스를 통해 서사시로 정리된다. 호메로스는《일리아스》와《오디세이아》같이 영웅담을 썼으며, 헤시오도스는《신들의 계보》(혹은 신통기로 번역됨)를 통해 세상의 기원을 족보식으로 정리했다. 이 이야기들은 그리스의 전성기에《안티고네》같은 비극으로 수없이 재창조되었으며, 후에 지중해 전체를 정복한 로마에 의해 수용된다. 로마는 그리스의 신화를 자신들의 것으로 받아들이고, 로마의 신화까지 덧붙여 소위 '그리스로마 신화'를 완성했다.

로마로부터 유럽의 문명이 본격적으로 시작되고, 여러 나라로 분화되어 발전하여 그리스로마 신화는 서양인문학의 시작이 되었다. 중세 이후 서양 고전들은 사실 성경에 기반하고 있으나, 그 소재들은 여전히 '그리스로마 신화'의 캐릭터들이다. 이렇게 서양 인문학은 그리스로마 신화를 패러디하고 해석하며 재창조하면서 발전해 나갔다. 유럽의 문학 작품 중 성경과 더불어 그리스로마 신화의 캐릭터가 등장하지 않는 것은 거의 없다고 봐야 한다. 단테는《신곡》에서 지옥의 가장 깊은 곳에 예수님을 배신한 가룟유다와 카이사르를 배신한 브루투스와 카시우스를 위치시킨다. 독일의 문호 괴테는《파우스트》에서 욥기를 패러디하며, 신화 속 최고의 미녀 헬레네를 주인공 파우스트와 결혼시킨다. 이 서양고전 작품들은 서양이 주도하는 시대의 흐름을 따라 세계화되었고, 우리 모두의 교양이며 문화가 된 것이다.

서양고전은 신앙의 성장과
복음 전도에 큰 유익을 준다.

옷감을 짜는 자신의 재능에 도취되어 신에게 도전했다가 거미가 된 아라크네, 도가 지나치게 자식을 자랑하다가 신의 분노를 사 자식을 모두 잃은 니오베의 이야기는 신화 속 교훈이 성경과 멀지 않음을 보여준다. 끝이 없는 욕망으로 대지의 여신 데메테르(케레스)의 정원까지 넘보다가 기아의 여신에게 인도되어 아무리 먹어도 만족할 수 없는 저주를 받았던 에리식톤. 그는 재산을 다 잃었을 뿐 아니라 딸까지 노예로 팔게 되었다. 그의 이야기는 돈과 권력과 쾌락에 대한 욕망으로 멸망해가는 우리에게 너무나 큰 신앙적 교훈을 준다. 그리스의 영웅 테세우스가 국민들을 위해 처치한 악당 중 하나인 프로크루스테스. 그는 지나가는 사람을 붙잡아 자신의 침대에 눕힌 후, 침대보다 짧으면 늘려서 죽이고, 길면 잘라서 죽였다. 자기 기준으로 남들을 재단하는 폭력을 담고 있는 이 이야기는 내로남불의 시대에 부활하여 산상수훈의 교훈을 연상시킨다.

테세우스는 이런 풍습을 없애고, 많은 이들에게 자유함을 준 영웅이었다. 사실 주님의 말씀이 성령과 더불어 우리를 프로크루스테스에게서 구원해 준다. 신화는 단순히 옛날이야기가 아니다. 종교가 없는 사람에게 뿐만 아니라, 그리스도인들에게도 신화로부터 기원하여 성경과 결합된 서양 고전은 지혜롭게 살아가는 길을 제공하는 인생의 길라잡이 역할을 한다.

나아가 서양 고전은 복음을 전하는 데 큰 유익을 준다. 서양 고전은 우리 모두의 공통언어다. 다른 사람과 처음 만나 대화할 때 공통의 지식과 배경을 바탕으로 시작하면, 서로의 거리를 좁힐 수 있지 않은가. 또한 더 깊은 관계로 나아갈 수 있게 된다. 이런 과정 속에서 우리는 신뢰를 쌓아가고 더 중요한 일치에 도달할 수 있다. 따라서 서양 고전은 세인들에게 하나님의 복음을 전하는 데 있어 접촉점이 되며, 더 깊은 일치를 위한 여정에서 소중한 도구가 될 수 있다. 서양 고전은 우리의 말할 거리, 서로를 통하게 하는 아교다. 욕망, 의심, 배신에 대해 말할 때, 죄에 대해서 말할 때 셰익스피어 4대 비극은 아주 좋은 소재가 된다. 우리는 셰익스피어를 통해 인간의 죄와 악한 세상에 대해 공감하고, 그 후에 복음의 효용에 대해 말할 수 있다.

예수님과 사도들도 그 이전 시대의 인문학적 고전의 요소들을 사용하여 복음을 전했다. 예수님은 당대 유대인들이 공유하고 있는 지식들, 유대인들의 역사와 헬라의 철학 등을 활용하여 하나님나라를 가르치셨다. 특히 유대인들이 사용하던 이미지와 이야기들을 통해 비유로 천국 복음을 전하셨다. 요한은 당대의 공통지식이었던 소크라테스와 플라톤의 이원론적 접근법을 통해 빛과 어둠, 위와 아래, 진리와 거짓, 생명과 죽음 등의 대조개념으로 예수님을 소개했다. 바울도 아테네에서 헬라인들의 정신을 지배하는 신화와 철학과 대조하여 복음을 선포한다. '바울이 아덴에서 그들을 기다리다가 그 성에 우상이 가득한 것을 보고 마음에 격분하여 회당에서는 유대인과 경건한 사람들과 또 장터에서는 날마다 만나는 사람들과 변론하니 어떤 에피쿠로스와 스토아 철학자들도 바울과 쟁론할새(행 17:16~18)' 같은 방식으로 서양 고전은 세상 속에서 살아가는 우리의 신앙과 복음 사역에 큰 유익이 될 수 있다.

서양 고전 관통을 출발하며

이제 토머스 불핀치의 《그리스로마 신화》와 그 근간이 되는 오비디우스의 《변신이야기》, 신화로부터 초대형 서사문학을 창시하여 서양문학의 아버지가 된 호메로스의 《일리아스》와 《오디세이아》로부터 서양 고전 여행을 시작하자. 《소포클레스 비극》과 《아이네이스》는 이전 작품들을 재창조하며 문학적 완성도를 높여갔다. 로마는 그리스에서 시작된 물줄기에 기독교 신앙을 끌어들여 《신곡》을 낳고, 단테를 존경하는 마음으로 보카치오는 100개의 이야기를 《데카메론》에 담아 페스트로 혼란한 유럽 사회를 미래로 이끈다.

독자들의 서양 고전에 대한 지식과 해석 능력은 이 책을 통해 매우 창대해 질 것이라 기대한다. 총 4권으로 된 〈서양 고전 관통〉 1권을 마친다면, 2권의 작품들은 술술 읽힐 것이고, 3권과 4권은 누워서 떡먹기가 될 것이다. 4권의 여행을 마치면 세상 모든 문화 콘텐츠를 해석하는 힘을 소유하게 될 것이다. 팀 켈러 목사님이 말하는 문화 내러티브 분석에 힘이 생길 것이다. 처음부터 원전을 읽으려 하지 말고 이 책을 따라 여행하시라. 인물과 배경과 이야기들을 익히면 나중에 원전이 쉽게 읽히게 됨을 약속한다.

1권은 '서양고전의 시작' 편이다. 《그리스로마신화》《변신이야기》《일리아스》《오디세이아》《소포클레스 비극》《아이네이스》《신곡》《데카메론》을 다룬다.

2권은 저자를 밝힐 필요가 없는 '고전 중의 고전'이다. 《돈키호테》《셰익스피어 4대 비극》《파우스트》《레미제라블》《죄와 벌》《카라마조프 형제들》《부활》이 이어진다.

3권은 '여성 고전'이다. 톨스토이의 《안나 카레니나》, 제인 오스틴의 《오만과 편견》, 샬롯 브론테의 《제인 에어》, 모파상의 《여자의 일생》, 플로베르의 《보바리 부인》, 나다니엘 호손의 《주홍글씨》를 골랐다. 여성들이 주인공이며, 주로 여성들의 시각에서 작품이 전개된다.

4권은 '필독 고전' 편이다. 생떽쥐페리의 《어린 왕자》, 헤르만 헤세의 《데미안》, 프란츠 카프카의 《변신》, 서머싯 몸의 《인간의 굴레》, 찰스 디킨스의 《위대한 유산》, 에밀리 브론테의 《폭풍의 언덕》, 조나단 스위프트의 《걸리버 여행기》를 나름 필독 고전으로 선택했다.

저자인 내가 수많은 시간 고민하며 고안한 방식으로 독자들에게 최소한의 시간으로 최대의 효과가 있기를 기대한다.

2023. 5.
이종필 목사

01장

인 생 에 대 한
짧 고 깊 은 질 문

생텍쥐페리《어린왕자》

(번역본 : 김미성 역, 인디고)

인생의 진리를 가르치는
영원한 어린 왕자 생텍쥐페리

작가 생텍쥐페리는 1900년 프랑스 리옹에서 귀족 가문의 자제로 태어났다. 네 살 때 아버지가 돌아가시고 도시를 떠나 외가 소유의 성에서 살게 되었는데, 그 유년의 기억이 그에게 가장 강렬한 영향을 미쳤다. 비행기 조종사를 만나 양을 그려달라는 어린 왕자, 여우와 사귀며 길들여지기

프랑스의 작가이자 비행사였던
생텍쥐페리.

도 하고, 뱀을 만나 대화하며 뱀의 독으로 자신의 별로 돌아간다는 어린 왕자의 모습은 자연을 벗 삼아 살아가며 문학적 감수성을 키워가던 작가의 어린 시절의 모습이다.

그렇게 행복하게 자라던 그는 17세에 동생의 죽음을 경험하게 된다. 이 계기로 감수성이 풍부했던 그는 삶과 죽음에 대한 더욱 깊은 성찰을 하게 되었다. 어린 왕자는 작중 화자인 비행사 '나'에게 놀라운 깨달음을 주

고 뱀에 물려 자신의 별로 돌아간다. 이런 묘사는 동생의 죽음에서 받은 영향이었을 것이다. 어린 왕자는 인생의 참된 진리를 어른들에게 줄 만큼 현명하지만 금방 사라져버린 작가의 어린 시절이 아니었을까? 작가는 자신의 친구 레옹 베르트에게 바치는 헌사에서 다음과 같이 쓰고 있다. '어른들은 원래 모두 어린이들이었다. 그걸 기억하는 어른들은 많지 않지만.' 어른이 되어버린 비행기 조종사와 자신의 별을 떠나 지구로 온 어린 왕자가 사막에서 만나는 이야기인 〈어린 왕자〉. 사실 비행기 조종사와 어린 왕자의 만남은 어른이 된 작가와 어린이였던 작가의 만남이었던 것이다. 이 위대한 작가는 자신이 원래 어린이였다는 것을 기억하는 소수의 어른이 되고 싶었다. 그리고 인생의 참된 진리를 전하는 영원한 어린 왕자가 되고 싶었던 것이다.

어린 왕자를 통해 진리를 깨달아가는
비행사 생텍쥐페리

어린 시절이 끝나가던 열두 살 때 작가는 프랑스 남동부에 위치한 비행장에서 엔진을 수리하던 파일럿을 만나게 된다. 그리고 매우 대담하게도 그에게 비행기를 태워달라고 부탁한다. 그렇게 작가는 생애 최초의 비행을 경험했고, 어머니에게는 대단히 야단을 맞았으나 비행사의 꿈을 갖게 되었다. 그는 사관학교

1943년 뉴욕에서 출간된 《어린왕자》의 초판 표지.
《어린왕자》(김미성 역, 2015년, 인디고).

시험에 떨어지고 미술대학에 잠시 다니기도 했다. 결국 군에 입대하여 항공정비병으로 근무하며 민간 비행조종사 자격증을 땄고 비행 업무를 하게 되었다. 그는 불의의 추락사고로 제대하게 되었으나, 파일럿의 꿈을 포기할 수 없었다.

항공사에 취직하여 정기항공우편업무로 비행사의 꿈을 이어갔다. 그는 비행 업무뿐 아니라, 불시착한 항공기 수리 업무와 조난비행사 구조 업무도 병행했다. 서른다섯 살에 비행 중 리비아 사막에 불시착해 5일 만에 극적으로 구조되기도 했다. 마흔 살에 독일의 침략을 받은 조국 프랑스를 위해 전쟁에 참전하여 정찰 비행 업무를 감당했다. 프랑스가 전쟁에서 패배한 후 미국으로 망명하여 마흔 셋에 어린 왕자를 출판하여 유명 인사가 되었지만, 1년 뒤인 1944년 프랑스 공군에 다시 입대하여 정찰 업무 비행 중 실종되어 세상을 떠났다. 그의 인생은 불굴의 의지로 일평생 파일럿으로 살다가 파일럿으로 죽은 사람이라고 해도 과언이 아니다. 어린 시절 잠시 코끼리를 잡아먹은 보아뱀 그림을 그렸으나 어른들의 책망을 듣고 그림을 접은 후 어른이 되어 비행기를 조종하고 있는 한 남자. 비행 중 사고로 사하라 사막에 불시착하여 얼마 안 남은 물에 의지하여 비행기를 고치고 있다가 어린 왕자의 갑작스러운 방문을 받았던 화자 '나'는 바로 생텍쥐페리 자신이었다. 그는 어린 시절의 자신인 '어린 왕자'를 통해 인생의 진리를 다시 깨달아간다.

비행 중 독서와 글쓰기가 취미였던
천상 작가 생텍쥐페리

작가가 비행기 조종사였다는 것은 잘 알려진 사실이다. 그러나 작가는 거기서 한 걸음 더 나가 비행 중 독서하고 글 쓰는 것을 취미로 했던 매우 기이한 인물이다. 그는 아마 비행기를 타고 전혀 다른 시각으로 세상을 바라보며 책을 읽고 작품을 구상하는 것을 즐겼던 것 같다. 한 번은 그가 정찰 비행을 나갔다가 돌아오는 길에 많은 동료들이 착륙을 기다리고 있는 상황에서도 읽던 책을 다 읽기 위해 비행장을 한 시간 이상 선회하다가 책 읽기를 마치고 착륙했다는 것은 잘 알려진 이야기이다. 그는 모든 작가들이 필요로 하는 영감을 하필 비행기를 조종하며 얻었던 위험천만한 취미의 소유자였던 것이다. 그는 민간항공우편회사 라테코에르 사의 직원으로, 또한 조국 프랑스의 군인으로 죽을 때까지 비행을 계속했다.

그러나 그는 비행기 조종사가 꿈이었다기보다 비행을 통해 세상을 바라보며 세상에 말하고 싶은 것들을 쓰고 싶어 했던 뼛속까지 작가였다고 보는 것이 맞을 것이다. 그의 대부분의 작품은 비행경험과 관련되어 있다. 남방우편기(1929), 야간비행(1930), 인간의 대지(1939)는 비행을 소재로 한 책들이다. 그를 세계적으로 유명하게 만든 《어린 왕자》도 비행기 사고로 사하라 사막에 불시착한 이야기로 시작되고 있다. 그러나 그의 작품에 대

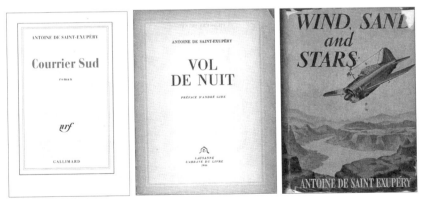

1925년 발행된 《남방우편기》, 1946년 발행된 《야간비행》, 1941년 발행된 《인간의 대지》 표지.

한 내용은 비행에 관한 것이 아니라, 인간과 인생의 진리를 탐구하는 내용이다.

그가 프랑스에서 아프리카로 우편물을 전달하는 사명을 포기하지 않고, 프랑스에서 아프리카의 나라들을 잇는 중간 기착지를 세우는 일에 생명을 바치고, 막대한 비용을 지불하며 자신의 전용기를 구입하기도 하고, 리비아 사막에 불시착한 죽음의 위기를 넘기면서도 비행을 포기하지 않고, 나이 규정도 어기고 건강상 도저히 비행을 할 수 없는 상황에서도 비행을 고집하며 정찰을 하다가 결국은 실종되기까지 비행을 했던 이유는 동료 인간들에게 인생에서 진정 중요한 것들에 대해 말하고 싶은 것을 구상하기 위함이었다. 비행 중 독서와 글쓰기는 그의 취미가 아니라 그의 비행의 목적이며, 인생의 궁극적 비전이었던 것이다.

헤어짐의 그리움 속에서 진정한 깨달음을 얻다

작품 속에서 어린 왕자는 자신의 소행성 B612를 떠나 지구로 와서 자신의 별을 생각한다. 그리고 자신의 별과 장미꽃을 생각한다. 비록 그 별에 사는 것이 힘들어서 떠나왔지만, 헤어짐의 그리움 속에서 자신의 별과 장미꽃을 위해 무엇을 해야 할지 생각한다. 비행기 조종사에게 양이 꽃을 먹지 못하게 입마개를 그려달라고 부탁하며, 여우를 통해 자신의 장미꽃이 얼마나 소중한

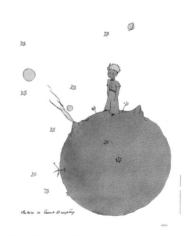

《어린 왕자》의 글뿐 아니라 그림도 생텍쥐페리가 그렸다.

존재인지 깨닫게 된다.

　작가는 전쟁에 패한 조국 프랑스를 떠나 미국에 체류하며, 아내와도 별거 상태에서 어린 왕자를 썼다. 작품 속에서 화자 '나'가 사하라 사막에 조난당하여 조국과 사랑하는 사람들을 만날 수 없었다. 그는 자신의 이러한 처지를 투영하여 글로 표현한 것이다. 어린 왕자가 자신의 별을 떠나 여러 별을 여행하며, 지구에 와서 여우를 만나 진정한 깨달음에 도달했던 것처럼 작가는 조국을 그리워하며, 아내의 부재 속에서《어린 왕자》를 구상했기에 우리가 사랑하는 것들에 대해 어떻게 해야 하는지, 인생에서 가장 중요한 것은 무엇인지 깨달을 수 있지 않았을까? 작품 속에서 작가는 '미국이 정오일 때 프랑스에서는 해가 진다'고 썼다. 전쟁에서 패배하고 혼란 속에 있는 조국이 얼마나 그리웠을까? 아니 그 조국을 떠나 있는 것이 얼마나 마음에 짐이었을까? 그래서 그는 조국의 해방을 위해 마지막까지 군인으로 정찰 업무를 하려고 했을 것이다. 그리고 마지막 정찰 비행이 조국을 위한 그의 사랑을 입증하는 비행이 되었다.

　작가는 31세에 가족의 반대에도 불구하고 엘살바도르 출신 콘수엘로라는 여인과 결혼했다. 그녀는 생텍쥐페리와 결혼할 당시 이미 두 번이나 남편과 사별한 아픔을 가지고 있었고, 귀족이었던 작가의 가족들은 그녀를 무시했다고 한다. 그녀는 상처와 아픔이 많았고, 그만큼 작가를 힘들게 하기도 했다. 작가는

생텍쥐페리의 아내 콘수엘로의 1942년 모습. 순회 강연 중인 남편을 만나기 위해 콘수엘로는 몬트리올, 퀘벡으로 갔다.

그녀를 평생 사랑했지만 헤어짐과 만남을 반복했다고 한다.《어린 왕자》를 쓰던 당시에도 그는 뉴욕 근교에 머물렀는데 아내와 별거 상태에 있었다고 한다. 어느 날 홀연히 자신의 별에 나타났던 너무나 아름다운 장미꽃, 그 꽃을 돌보고 사랑했으나 그 까칠한 성격을 이기지 못하고 자신의 별을 떠나 지구에 왔던 어린 왕자의 장미꽃은 분명 너무나 사랑했으나 길들여지기 힘들었던 아내 콘수엘로였다. 실제 어린 왕자의 그림은 머플러를 하고 있는 약간은 여성스러운 모습인데 아내 콘수엘로의 모습과 닮아 있다고 한다. 그는 어린 왕자를 출간하고 이듬해 1944년 비행기 정찰병으로 입대하여 임무 수행을 나갔다가 돌아오지 못했다. 그는 헤어짐의 그리움 속에서 진정한 깨달음을 얻고, 어린 왕자처럼 사랑하는 장미꽃을 향해 자기 별로 떠난 것일까? 그의 작품은 영원히 인류에게 인생에 대한 짧지만 깊은 질문을 던지고 있다.

외모로 판단하며 차별하는 것은
공동체를 파괴한다

이 작품 4장에서 화자인 '나'는 어린 왕자가 말한 적도 없는데 굳이 그
의 별이 '소행성 B612'라고 믿고 있다고 말한다. 화자는 그 소행성에 관
해 이런 에피소드를 전한다.

1909년 터키의 천문학자가 발견했고, 국제 천문학회에서 자신의 발견
을 증명했지만 터키식 옷 때문에 아무
도 그 말을 믿지 않았다고 한다. 이 일
이 있고 난 후에 터키의 독재자가 양
복 같은 유럽식 옷을 입지 않으면 사
형에 처하겠다고 엄포를 놓았다. 그
천문학자는 1920년에 우아한 유럽식
옷차림으로 다시 자신의 주장을 증명
했고 사람들은 그의 의견에 동의했다
고 한다. 이어서 화자는 어른들이 새

소행성 B612의 활화산 2개 중 하나는 엘살바도르의
잘코(화산)에서 영감을 받았다. 생텍쥐페리가 아내
의 고향을 방문했을 때 잘코는 화산재와 용암을 분
출하고 있었다.

로 사귄 친구에 대해 이야기할 때 본질에 대해 질문하지 않는다고 지적한다.

그들은 사람에 대해서 '그 아이의 목소리는 어때? 어떤 놀이를 좋아하지? 그 아이는 나비를 수집하니?' 이런 질문은 하지 않고, '그 아이는 몇 살이야? 형제가 몇 명이니? 몸무게는? 아버지의 수입은 얼마나 되지?'하고 묻는다는 것이다. 집에 대해서도 마찬가지다. 사람들은 '장밋빛 벽돌로 지은 예쁜 집을 봤어요. 창가에는 제라늄 화분이 있고, 지붕 위에는 비둘기가 있어요'라고 말하면 집을 상상하지 못하고, '십만 프랑짜리 집을 봤어요'라고 이야기하면 '굉장히 멋진 집이겠구나'라고 말할 것이다. 왕자에 대해서도 '어린 왕자는 무척 매력적이었고, 기분 좋게 웃을 줄 알고, 양 한 마리를 갖길 원했어요. 만약 양을 갖길 원하는 사람이 있다면 그건 그가 존재한다는 증거에요'라고 말하면 말하는 사람을 애취급 할 것이지만, '그가 떠나온 별은 소행성 B612에요'라고 말하면 납득을 할 것이다.(4장)

작가는 이렇게 주로 숫자를 보며 본질을 보지 못하는 우리의 모습을 지적한다. 나아가 이렇게 외모로 사람을 판단하면서 이웃을 차별하는 우리의 죄를 지적한다. 야고보 사도는 사람의 외모를 그의 본질로 착각하고 차별하는 공동체에 대해 책망한다.

'내 형제들아 영광의 주 곧 우리 주 예수 그리스도에 대한 믿음을 너희가 가졌으니 사람을 차별하여 대하지 말라 만일 너희 회당에 금 가락지를 끼고 아름다운 옷을 입은 사람이 들어오고 또 남루한 옷을 입은 가난한 사람이 들어올 때에 너희가 아름다운 옷을 입은 자를 눈여겨 보고 말하되 여기 좋은 자리에 앉으소서 하고 또 가난한 자에게 말하되 너는 거기 서 있든지 내 발등상 아래에 앉으라 하면 너희끼리 서로 차별하며 악한 생각으로 판단하는 자가 되는 것이 아니냐'(약 2:1-4)

믿음의 공동체는 각 사람의 본질과 필요를 보는 눈을 길러야 한다. 하나님께서 그를 어떤 존재로 만드셨고, 그의 재능은 무엇인지, 그에게는 어떤 도움이 필요한지를 보아야 한다. 하나님께서는 우리를 하나님의 형상대로 아름답게 창조하셨다. 때로 우리는 유대인이나 헬라인으로 태어나고, 남자와 여자로 태어나고, 사회에서 종이나 자유자의 신분을 갖게 될수도 있다. 가난한 상황에 처할 수도 있고, 부유한 상황에 처할 수도 있다. 그러나 믿음의 공동체는 하나님께서 그를 창조하신 본질에 충실하게 서로를 바라보아야 한다. 그가 무엇을 잘하며, 좋아하는 음식은 무엇이며, 취미와 관심은 무엇이며, 그가 어떤 매력을 가지고 있는지에 관심을 기울여야 한다. 그렇게 서로를 알아가다가 서로에게 필요한 것이 있다면 나에게 주어진 것으로 사랑하며 채워야 한다. 그러면 아름다운 믿음의 공동체를 이루게 되고, 우리 모두가 존재 자체로 하나님의 사랑을 체험하며 나누고 살아갈 수 있게 될 것이다. 만약 그렇게 사랑으로 서로를 채우지 않고 차별하고 업신여긴다면 그것은 죽은 믿음을 소유한 사람이다. 야고보 사도는 계속해 말한다.

'만일 형제나 자매가 헐벗고 일용할 양식이 없는데 너희 중에 누구든지 그에게 이르되 평안히 가라, 덥게 하라, 배부르게 하라 하며 그 몸에 쓸 것을 주지 아니하면 무슨 유익이 있으리요 이와 같이 행함이 없는 믿음은 그 자체가 죽은 것이라'(약 2:15-17)

참된 믿음으로 하나님 나라가 도래한 가정과 공동체를 이루게 되길 소망하라고 이 작품은 말하고 있다.

무엇이 진정 중요한 것인지
생각하며 살아야 한다

어린 왕자는 '나'를 처음 만난 날 양을 그려달라고 했다. 그것은 바오밥 나무의 싹이 어릴 때 먹어서 별을 지켜야 하기 때문이었다. 그런데 양이 만약 자기 별에 있는 꽃을 먹게 된다면 정말 심각하게 되는 것이었다. 그런 이유로 사하라 사막에서의 다섯 번째 날 이야기인 7장에서 다음과 같은 대화가 등장한다.

어린 왕자는 오랫동안 조용히 생각했던 것처럼 나에게 불쑥 질문을 던진다. '양은 작은 나무를 먹으니까 꽃도 먹겠지?' 나는 답한다. '양은 닥

장미 정원의 어린 왕자

치는 대로 무엇이든 다 먹어' 그는 다시 묻는다. '가시가 있는 꽃도?' 내가 답한다. '응 가시가 있는 꽃도' 그는 멈추지 않고 계속 묻는다. '가시는 어떤 쓸모가 있어?' 어린 왕자는 끝까지 물었지만, 나는 비행기가 심각하게 고장난데다 물도 떨어져서 최악의 상황을 걱정하고 있어서 아무렇게나 대답했다. '가시는 아무런 쓸모가 없어. 가시는 꽃이 부리는 단순한 심술일 뿐이야!' 어린 왕자는 잠시 침묵하고 나를 믿지 못하겠다고 말했다. 그러면서 꽃은 약하기 때문에 두려움에서 벗어나고 싶고, 가시가 달려 있으면 자기들이 무섭게 보일 거라고 생각하기 때문에 가시가 있는 거라고 원망스럽게 쏘아 붙였다. 나는 중요한 일을 해야 되기 때문에 아무렇게나 대답한 거라고 말했다.

왕자는 화를 내며 계속 말을 했다. '중요한 일이라고?', '아저씨는 어른들처럼 말하는구나!', '나는 빨간 피부의 신사가 살고 있는 별에 대해 알아. 그는 단 한 번도 꽃향기를 맡아본 적이 없어. 별을 바라본 적도 없고. 누구를 사랑해 본 적도 없어. 계산하는 것 말고는 다른 걸 해 본 적이 없는 사람이야. 그 사람은 하루 종일 아저씨처럼 이렇게 말해. 〈난 중요한 일을 하는 사람이야! 난 성실한 사람이라고!〉 그의 마음은 자만으로 가득 차 있어. 하지만 그는 사람이 아니야. 버섯이라고!', '수백만 년 전부터 꽃들은 가시를 만들어 왔어. 양들이 꽃을 먹은 것도 수백만 년 전부터야. 그런데도 꽃들이 애써 가시를 만드는 이유를 알아내는 게 심각한 일이 아니라고? 양들과 꽃들의 전쟁이 중요하지 않다는 거야? 그게 빨간 얼굴의 뚱뚱한 신사가 하는 계산보다 더 심각하고 중요한 일이 아니라고? 만일 내가 내 별을 제외하고는 어디에도 없는 세상에 단 하나뿐인 꽃을 알고 있다고 해. 그런데 어느 날 아침 어린 양이 자기가 뭘 하는지도 모르고 단번에 그 꽃을 먹어 버릴 수도 있는데, 그게 중요하지 않다고?'(7장)

작가는 이 대화를 통해 인생에 진정으로 중요한 것이 무엇인지 생각하며 살아가라고 우리에게 말한다. '나'는 생존을 위해 중요한 일을 하고 있고, 어린 왕자는 꽃의 가시에 대해 묻는다. 비행기를 고치는 일은 매우 중요한 일이다. 그러나 작가는 어린 왕자가 사랑하는 꽃을 지켜주는 가시가 더 중요하다고 말한다. 왜냐하면 우리에게 행복을 주는 것은 바로 꽃이라는 존재이기 때문이다.

> '누군가 수백만 수천만 개나 되는 별들 가운데 단 한 송이만 피어 있는 꽃을 사랑한다면, 그 사람은 별들을 바라보기만 해도 충분히 행복할거야. 그 사람은 〈내 꽃이 어딘가 있을 거야〉라고 생각할 테니까. 하지만 양이 꽃을 먹어 버린다면, 그 사람에게는 모든 별들이 갑자기 빛을 잃어버리는 것과 같아. 그런데도 그게 중요하지 않다고?'(7장)

생존보다 중요한 것은 사랑이다. 사랑만이 진정한 행복을 가져다 줄 수 있기 때문이다. 하나님의 백성인 우리에게 중요한 것은 무엇인가? 마태가 기록한 예수님의 첫 번째 설교인 산상설교를 통해 주님께서는 우리에게 가장 중요한 것은 천국(하나님 나라)이라고 가르치신다.

> '심령이 가난한 자는 복이 있나니 천국이 그들의 것임이요 애통하는 자는 복이 있나니 그들이 위로를 받을 것임이요 온유한 자는 복이 있나니 그들이 땅을 기업으로 받을 것임이요 의에 주리고 목마른 자는 복이 있나니 그들이 배부를 것임이요 긍휼히 여기는 자는 복이 있나니 그들이 긍휼히 여김을 받을 것임이요 마음이 청결한 자는 복이 있나니 그들이 하나님을 볼 것임이요 화평하게 하는 자는 복이 있나니 그들이 하나님의 아들이라 일컬음을 받을 것임이요 의를 위하여 박해를 받은 자는 복

천국은 하나님께서 우리에게 주시는 구원의 실제다. 사람은 스스로는 복된 인생을 살아갈 수 없는 존재이기에 세상을 창조하신 하나님께서 주시는 구원의 실제인 천국을 누리는 것이 우리에게 유일한 복이다. 우리 인생에서 가장 중요한 것은 행복인데, 그 행복에 도달할 수 있는 길이 천국이다. 천국은 가장 중요한 것이다. 따라서 우리는 심령이 가난한 자, 애통하는 자, 온유한 자, 의에 주리고 목마른 자, 긍휼히 여기는 자, 마음이 청결한 자, 화평하게 하는 자, 의를 위하여 박해를 받는 자가 되기를 소망해야 한다. 천국을 누리기 위해 하나님의 말씀을 따라 살아가는 것을 가장 중요한 일로 여겨야 한다. 그것이 천국을 누리는 길이기 때문이다.

'진실로 너희에게 이르노니 천지가 없어지기 전에는 율법의 일점 일획도 결코 없어지지 아니하고 다 이루리라 그러므로 누구든지 이 계명 중의 지극히 작은 것 하나라도 버리고 또 그같이 사람을 가르치는 자는 천국에서 지극히 작다 일컬음을 받을 것이요 누구든지 이를 행하며 가르치는 자는 천국에서 크다 일컬음을 받으리라'(마 5:18-19)

그러나 우리는 꽃의 가시를 중요하게 여기지 못하는 비행기 조종사처럼 진정 중요한 것을 놓치며 살아가고 있다. 천국에 이르기 위해 주신 예수님과 그가 전하시는 하나님의 말씀을 중요하게 여기지 못하고, 무엇을 먹을까 마실까 입을까에 빠져 근심과 염려 속에서 살아가고 있다. 산상설교는 우리에게 무엇이 진정으로 중요한 것인지 생각하며 살아가도록 촉구한다. 또한 무엇을 위해 살아야 할지 분명히 가르쳐 주고 있다.

'그러므로 내가 너희에게 이르노니 목숨을 위하여 무엇을 먹을까 무엇을 마실까 몸을 위하여 무엇을 입을까 염려하지 말라 목숨이 음식보다 중하지 아니하며 몸이 의복보다 중하지 아니하냐'(마 6:25-26)

유한한 우리의 인생에 진정으로 중요한 것이 무엇인지 산상설교는 가르쳐 주고 있다. 우리의 삶을 허무함에서 벗어나 의미 있고 가치 있게 만드는 것, 우리의 삶에 진정한 행복을 누리게 하는 것, 이것이 곧 하나님 나라를 구하는 삶이며 진정 중요한 것이라는 것이다.

'그런즉 너희는 먼저 그의 나라와 그의 의를 구하라 그리하면 이 모든 것을 너희에게 더하시리라'(마 6:33)

그 삶은 바로 하나님의 말씀을 듣고 행하는 삶이다.

지구에는 하나님 없이 살아가는 수많은 이해가지 않는 이들이 있다. 그들에게 복음이 필요하다

어린 왕자는 자기의 꽃이 있는 별을 떠나 6개의 별을 여행한다.

첫 번째 별에는 왕이 한 명 살고 있었다. 왕은 어린 왕자를 보고 '신하가 한 명 왔군'하고 말했다. 왕에게는 모두가 신하였다. 왕자는 왕이 무엇을 다스리고 있는지 궁금해서 질문했다. 왕은 모든 것을 다스린다고 답했다. 심지어 모든 별들을 다스린다고 했다. 왕자가 지루해져서 떠나려 하니, 왕은 어린 왕자를 법무부 장관으로 삼을 것이니 떠나지 말라고 했다. 어린 왕자는 그래도 떠나기를 고집했다. 왕은 그를 대사로 임명했다. 그에게는 모든 사람이 자신의 권위에 복종하는 대상일 뿐이었다.

두 번째 별에는 허영심 가득한 사람이 살고 있었다. 왕자를 발견하자마자 '아, 숭배자가 찾아왔군' 그는 모든 사람들이 자신을 찬양한다고 믿고, 사람들이 자신을 찬양할 경우 답례하려고 큰 모자를 쓰고 있었다. 그는 왕자에게 손뼉을 치라고 했고, 모자를 벗어 답례를 했다. 그는 별에 자기 밖에 없는데 자신이 제일 잘 생기고 멋지고 부자고 지적이라는 것을 인정받고 싶어 했다. 그에게 모든 사람은 자신을 인정해 주기 위해 존재하는 대상에 불과했다. 왕과 허영쟁이는 모든 사람을 대상으로 삼고 살아가는 외로운 인간들이었다.

세 번째 별에는 술 취한 사람이 살고 있었다. 그는 세상을 살아가는 것이 힘들었고, 술을 마시고 있는 자신이 부끄러웠다. 그는 힘겨운 인생을 쾌락으로 해결하는 사람이었다.

네 번째 별의 사업가는 왕자가 도착했음에도 고개도 들지 못하고 숫자를 세고 있었다. 그는 5억 개가 넘는 별을 세고 있었다. 왕자는 별들로 뭘 하느냐고 물었다. 그는 그저 소유한다고 했다. 소유하면 무엇이 좋으냐는 질문에 부자가 된다고 말한다. 부자가 되면 다른 별을 살 수 있다고도 말했다. 그렇게 별을 소유하면 무엇을 하느냐고 하니 별을 관리하고 세고 또 센다고 했다. 그는 소유가 우상인 사람이었다.

다섯 번째 별은 정말 작았는데, 가로등 하나와 가로등을 켜는 사람 한 명이

긴 코트를 걸친 늙은 왕이 있는 작은 행성.

41

겨우 서 있을 만한 공간밖에 없었다. 왕자는 이 별에 왜 가로등과 켜는 사람이 필요한지 이해할 수 없었다. 그래도 왕자는 그가 이전에 만난 네 사람보다 낫다고 생각했다. 의미 있는 일을 하고 있으니까. 왕자는 그에게 다가가 인사하며 가로등을 방금 왜 껐느냐고 물었다. 그는 명령 때문이라고 답했다. 그는 명령을 수행하고 있었다. 그는 그저 세상이 해야 한다고 명하는 것을 맹목적으로 행하며 의미도 목적도 없이 피곤하게 살아가는 사람이었다.

여섯 번째 별은 먼저 별보다 열 배나 큰 별이었고, 지리학자가 큰 책을 쓰고 있었다. 그러나 지리학자는 자신의 별에 산이나 도시나 강이나 사막이 있는지 알지 못했다. 연구실에서 탐험가들의 기억을 정리할 뿐이었다. 그는 어린 왕자에게 자신의 별에 대해 이야기해 달라고 부탁했다. 그는 화산들과 꽃이 있다고 했다. 지리학자는 꽃은 일시적인 존재기 때문에 중요하지 않고 기록하지 않는다고 말했다. 그는 자신의 지식에 만족하며 스스로 대단한 사람이라고 여기지만, 삶에 진정으로 중요한 것은 알지 못하는 어리석은 사람이었다.

그리고 왕자는 일곱 번째 별인 지구에 도착했는데, 지구에는 111명의 왕, 7000명의 지리학자, 90만 명의 사업가, 750만 명의 술 취한 사람, 3억 1,100만 명의 허영쟁이, 다시 말해 약 20억 명의 어른이 살고 있었다. 전기가 발견되기 전까지 46만 2,511명이나 되는 사람이 가로등을 켜는 일을 해야 했다.(10~15장)

작가가 바라본 지구는 상대방을 어떠한 대상으로만 여기기 때문에 외로운 삶을 살아가고, 허무함을 술로 달래며, 소유에 집착하고, 현실과 동떨어진 자신만의 지식에 만족하며, 의미와 목적도 없이 살아가는 사람들로 가득했다. 작가가 이해하려고 해도 이해할 수 없는 방식으로 살아가는 사람들로 가득했다. 가로등을 켜는 사람만이 다른 이들을 위해 무엇인가 하는 사람이었는데, 그마저도 자기 스스로가 그 일에 의미와 가치를 전혀 느끼지 못한 채 쉬고 싶은 마음으로 불평하며 살아가고 있었다. 이런 사람들로 가득한 세상에 바로 복음이 필요한 것이다.

요한복음은 어린 왕자가 다녔던 별들에서 만났음직한 이들로 가득 차 있다. 영생에 이르는 길을 찾는 니고데모, 남자들의 사랑으로 삶을 채우고자 했던 수가성 여인, 38년간 질병으로 고통당한 병자, 떡에 흥분하는 제자들, 종교적 갈증에 시달리는 유대인들, 간음하다 잡혀 온 여인과 그녀에게 돌을 든 이들, 날 때부터 보지 못하는 사람, 오빠의 죽음으로 슬퍼하는 여인들⋯ 이들에게 예수님은 마르지 않는 생수를 주시는 분이며, 생명을 주시는 분이며, 생명의 떡이시며, 어둠을 이기는 빛이시며, 선한 목자이시며, 부활이요 생명, 길과 진리가 되시는 분이다. 작가가 말한 지구는 온통 문제로 가득한 곳이며, 복음이 너무나 필요한 곳이다. 성경은 세상에 오신 하나님의 아들 예수님께서 바로 복음이시며, 우리 인생의 진정한 빛, 길이라고 선포한다. 요한복음에서 예수님을 만난 이들 뿐만 아니라, 지금도 수많은 이들이 이 복음을 경험하고, 하나님 나라를 누리며 살아가고 있다. 작가가 그려놓은 여섯 종류의 인간 군상들은 바로 하나님 없이 살아가는 우리 자신의 모습이다. 성경은 이에 대해 너무나 명확한 해결책, 즉 복음을 제시하고 있다. 복음을 먼저 접하고 누리는 우리야 말로 여섯 종류의 군상들의 모습에서 해방된 사람들이다. 우

5번째 별의 주인인 가로등을 켜는 사람. 왕의 명령으로 아침에 가로등의 불을 끄고 밤에 불을 켜는 일을 하고 있었다.

리 주변에 여전히 여섯 종류의 군상들의 모습을 지고 살아가는 수많은 이웃들을 자유하게 하는 복음증거자가 되길 소망해 본다.

> '그러므로 예수께서 자기를 믿은 유대인들에게 이르시되 너희가 내 말에 거하면 참으로 내 제자가 되고 진리를 알지니 진리가 너희를 자유롭게 하리라 그들이 대답하되 우리가 아브라함의 자손이라 남의 종이 된적이 없거늘 어찌하여 우리가 자유롭게 되리라 하느냐 예수께서 대답하시되 진실로 진실로 너희에게 이르노니 죄를 범하는 자마다 죄의 종이라 종은 영원히 집에 거하지 못하되 아들은 영원히 거하나니 그러므로 아들이 너희를 자유롭게 하면 너희가 참으로 자유로우리라'(요 8:31-36)

외롭고 단절된 삶을 벗어나는 길은 하나님을 사랑하고 이웃을 사랑하라는 말씀을 따르는 것이다

자기 별을 떠나 여러 별을 여행하며 외로움을 달랠 수 없었던 어린 왕자는 넓은 지구에서 하필 사막에 떨어졌다. 누군가를 만나 외로움을 피하고 싶었지만, 그가 제일 먼저 만난 것은 뱀이었다. 사람들을 찾는 어린 왕자에게 뱀은 '사람들 사이에 있어도 외로운 건 똑같아'라고 말한다.(17장) 다음으로 왕자는 보잘 것 없는 꽃을 만났다. 꽃에게 사람들이 어디 있냐고 물었다. 꽃은 몇 년 전에 사람들을 만난 적이 있으며, 사람들은 바람 부는 대로 이리저리 떠돌아다니며, 뿌리가 없어 힘들어한다고 말했다.(18장) 그는 높은 산에 올라가 '우리 친구 하자, 난 외로워.'라고 소리 질렀지만, 메아리가 왕자의 말을 되풀이할 뿐이었다. 왕자는 자신에게 말을 걸어주던 꽃이 그리웠다.(19장) 그리고 자기의 별에 있는 꽃과 닮은 수많은 장미

들이 있는 정원에 가서 자기 꽃을 생각하며 울었다.(20장)

그 때 여우가 나타났다. 외로웠던 왕자는 자기와 같이 놀자고 했다. 여우는 길들여지지 않았기 때문에 같이 놀 수 없다고 했다. 왕자는 길들여진다는 것이 무엇인지 물었다. 여우는 '관계를 맺는 것'이라고 답했다. 관계를 맺게 되면 왕자는 여우에게 단 하나뿐인 아이가 되는 거고, 나는 너에게 이 세상 단 하나뿐인 여우가 되는 거라고 답했다. 왕자는 그 말을 듣고 자기 별의 꽃이 자기를 길들인 것 같다고 말한다. 여우는 왕자에게 흥미를 느끼고 자기를 길들여달라고 부탁한다. 왕자는 어떻게 해야 되느냐고 물었고 여우는 방법을 말한다. 참을성을 가지고 아무 말도 하지 말고 매일 조금씩 가까이 다가와 앉으면 된다고. 결국 어린 왕자는 여우를 길들이게 되었다. 여우는 왕자에게 장미꽃들을 다시 보러 가라고 말했다. 어린 왕자가 다시 정원의 장미꽃들을 보았을 때 그 장미꽃들이 자신의 꽃과

어린 왕자가 지구에서 만난 동물들 중 하나인 여우. 여우는 《어린 왕자》의 주제의식을 대변하는 인물이다.

어린 왕자는 별을 떠날 때 들새들이 도와준다고 믿는다.

전혀 비슷하지 않으며, 자신의 꽃이 모든 장미꽃들을 합친 것보다 소중하다는 것을 깨닫게 된다. 왕자가 그 꽃에게 물을 주고 유리 덮개를 씌워 주고, 바람을 막아 주고, 벌레를 잡아 주었기 때문이다. 그 꽃이 불평하는 소리, 자기 자랑하는 소리, 침묵하는 소리까지 들어주었기 때문이다. 왕자는 다시 여우에게로 갔다. 여우는 '가장 중요한 건 눈에는 보이지 않아', '네 장미꽃이 그렇게 소중해진 건 네가 장미꽃에 공들인 시간 때문이야', '넌 영원히 네가 길들인 것에 책임을 져야 해. 넌 네 장미꽃에 책임이 있어'라고 말해줬고, 왕자는 잊지 않기 위해 계속 되뇌었다.(21장) 어린 왕자는 자신의 외로움이 자기 별로 돌아가서 자기가 공들였던 장미꽃을 책임질 때 해결되는 것임을 깨닫는다. 그리고 자기의 별로 돌아간다.

예수님은 모든 성경(율법)이 '하나님을 사랑하고 이웃을 사랑하라'는 말씀으로 요약될 수 있다고 말씀하셨다. 이것이 복음의 결과이며, 외로움으로 고통당하는 인간에게 주신 구원의 길이다. 하나님의 통치를 벗어난 모든 인간은 서로 멀어지기 시작했다. 하나님의 말씀을 거부하고 선악과를 먹은 아담과 하와는 자신의 잘못을 다른 이에게 뒤집어씌우며 서로 멀어졌다. 그들의 자녀 가인은 시기하고 질투하여 동생을 살인하는 지경에까지 이르렀다. 그는 두려워하면서 자신을 만나는 자들이 자신을 죽일 것이라고 하나님께 호소한다. 하나님과 멀어진 인간은 서로와 멀어진다. 이것이 바로 외로움의 근본 원인이다. 이 외로움은 여기 저기 다니며 새로운 사람을 만난다고 해결되는 것이 아니다. 어린 왕자는 다른 별을 다니며 자신을 만족시킬 사람을 찾는다. 그러나 결국 누구도 자신의 외로움을 해결할 수 없다는 것을 깨닫는다. 그는 여우를 통해 서로 수고하며 애쓰며 섬기고 사랑함으로 길들여질 때 인간의 외로움이 해결된다는 것을 배웠다고 볼 수 있다.

작가가 말하는 '길들여짐'을 성경적으로 해석하자면 하나님과 멀어져 서로 소외된 우리들이 예수님을 통해 하나님과 회복되어 하나님을 사랑하고, 그 결과로 이웃을 사랑하게 되는 것이다. 누군가를 내 외로움을 해결할 대상으로 여기고, 타인을 내 욕구를 만족시킬 대상으로 대할 때, 우리는 영원히 외로움에 목마르고 어린 왕자와 장미꽃처럼 서로 상처를 줄 수밖에 없다. 하나님을 사랑하여 순종하고 세상에 오신 예수님은 제자들을 끝까지 사랑하셨고, 세상에 있는 모든 이들을 사랑하셔서 십자가에 죽으셨다.

'유월절 전에 예수께서 자기가 세상을 떠나 아버지께로 돌아가실 때가 이른 줄 아시고 세상에 있는 자기 사람들을 사랑하시되 끝까지 사랑하시니라'(요 13:1)

'예수께서 신 포도주를 받으신 후에 이르시되 다 이루었다 하시고 머리를 숙이니 영혼이 떠나가시니라'(요 19:30)

예수님을 통해 하나님을 사랑하게 된 이들은 이웃을 사랑하게 되며 사랑의 수고를 아끼지 않는다. 하나님의 나라는 결국 사랑으로 실현하게 되어 있다.

'내가 사람의 방언과 천사의 말을 할지라도 사랑이 없으면 소리 나는 구리와 울리는 꽹과리가 되고 내가 예언하는 능력이 있어 모든 비밀과 모든 지식을 알고 또 산을 옮길 만한 모든 믿음이 있을지라도 사랑이 없으면 내가 아무 것도 아니요 내가 내게 있는 모든 것으로 구제하고 또 내 몸을 불사르게 내줄지라도 사랑이 없으면 내게 아무 유익이 없느니라'
(고전 13:1-3)

사랑은 서로를 위해 헌신하고 수고하는 것이다. 어린 왕자가 꽃을 위해 물을 주고, 유리 덮개를 씌워 주고, 벌레를 잡아 주고, 심지어 불평하는 소리와 자랑하는 소리와 침묵하는 소리까지 들어주었던 것처럼 말이다.

'그가 우리를 위하여 목숨을 버리셨으니 우리가 이로써 사랑을 알고 우리도 형제들을 위하여 목숨을 버리는 것이 마땅하니라 누가 이 세상의 재물을 가지고 형제의 궁핍함을 보고도 도와 줄 마음을 닫으면 하나님의 사랑이 어찌 그 속에 거하겠느냐 자녀들아 우리가 말과 혀로만 사랑하지 말고 행함과 진실함으로 하자'(요일 3:16-18)

그러나 사랑은 손해가 아니다. 하나님을 사랑하며 이웃을 사랑하는 이들은 외로움에서 벗어나 풍성한 천국을 누리게 될 것이기 때문이다. 외롭고 단절된 삶을 벗어나는 길은 복음 안에서 하나님을 사랑하고, 이웃을 위해 사랑의 수고를 아끼지 않는 것이다.

하나님나라 관점으로 작품요약

비행기 조종사인 '나' 어린 왕자를 만나
그의 별과 꽃에 대해 알아가다(1-9장)

　어릴 때 보아뱀 그림을 그렸으나 어른들에게 이해받지 못해 화가라는
직업을 포기하고 비행기 조종사가 된 '나'는(1장) 6년 전 비행기 고장으로
사하라 사막에 고립되었다. 사하라 사막에서의 첫째 날 잠이 들었는데 어
떤 아이가 양을 그려달라고 하며 잠을 깨웠고, 그렇게 어린 왕자를 만났
다.(2장) 그와의 대화를 통해 조금씩 그에 대해 알게 되었다. 그가 어떤 별
에서 왔으며(3장) 그의 별은 집 한 채보다 조금 클 정도로 아주 작다.(4장)
셋째 날 그가 양을 그려달라고 하는 이유를 알게 되었다. 그것은 자기 별
을 망칠 정도로 크게 자라는 바오밥
나무가 작을 때 양이 먹어버리게 하
기 위해서였다.(5장) 네 번째 날 어린
왕자는 즐거움을 느낄 만한 일이 해
질 녘의 부드러움을 바라보는 것 밖
에 없는 단순하고 서글픈 삶을 살고
있었다는 것을 알게 되었다.(6장) 다섯

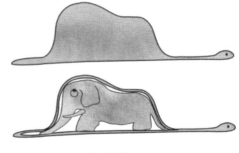

코끼리를 한 번에 삼킨 보아 뱀

번째 날 그는 나에게 꽃의 가시에 대해 물었다. 비행기를 고치는 데 열중하던 나는 아무렇게나 대답했고, 그는 화를 내고 울어버렸다.(7장) 그 꽃은 사실 어린 왕자의 별에 찾아온 아름다운 꽃이었다. 그러나 왕자는 까다로운 그 꽃을 사랑하는 법을 몰랐다고 후회했다.(8장) 9장부터는 어린 왕자가 자신의 별을 정리하고 그 꽃을 떠나(9장) 여러 별들을 여행하는 이야기가 '나'를 통해 전해진다.

자기 별을 떠나 여섯 개의 별을
여행하는 어린 왕자(10-15장)

첫 번째 별에는 모두를 신하로 여기고 명령하는 왕이 살고 있었다.(10장) 두 번째 별에는 모두가 자기를 숭배한다고 여기는 허영쟁이가 살고 있었다.(11장) 세 번째 별에는 부끄러움을 잊기 위해 술을 마시는 술 취한 사람이 살고 있었다.(12장) 네 번째 별에는 모든 별을 세고 소유하려는 사업가가 살고 있었다.(13장) 다섯 번째 별에는 명령에 따라 가로 등을 켜고 끄면서 쉬지 못하는 사람이 살고 있었다.(14장) 여섯 번째 별에는 자신의 별에 무엇이 있는지는 모르면서 연구실에서 탐험가들의 기억을 정리하는 지리학자가 살고 있었다.(15장)

지구에 온 어린 왕자(16-23장)

일곱 번째 별은 지구였는데 111명의 왕, 7,000명의 지리학자, 90만 명의 사업가, 750만 명의 술 취한 사람, 3억 1,100만 명의 허영쟁이, 다시 말해 20억 명의 사람이 살고 있었다. 지구는 얼마나 넓은지 46만 2,511 명이 가로등을 켜야 했다.(16장) 왕자는 사막에서 자신에게 닿은 것은 태어난 땅으로 되돌려 보내줄 수 있다는 수수께끼 같은 말을 하는 뱀을 만났다.(17장) 다음으로 그는 사막에서 꽃잎이 세 개 뿐인 보잘것없는 꽃을 만났다.(18장) 그리고 높은 산에 올라갔지만 아무도 만날 수 없었고, 자신에게 먼저 이야기를 건네던 자기 별의 꽃이 생각났다.(19장) 그는 오랫동안 걸어 정원에 도착했다. 자기 별의 꽃과 닮은 꽃들이 오천 송이나 있었다.(20장) 여우가 그에게 나타났다. 여우와 왕자는 서로 길들여졌다. 여우는 길들이는 방법에 대해 알려 주었다. 왕자는 다시 정원에 갔고, 자신이 공들인 시간 때문에 자신의 장미꽃이 정원의 꽃들과는

지구에 온 어린 왕자.

다르게 특별하다는 것을 알게 되었고, 장미꽃에 책임이 있다는 것도 알게 되었다.(21장) 왕자는 전철수를 만나고(22장) 갈증을 가라앉혀 시간을 절약하는 알약을 파는 상인도 만난다.(23장)

어린 왕자가 자기 별로 돌아가다(24-27장)

 사막에서의 여덟 번째 날 '나'는 상인을 만난 이야기를 들으며 마지막 물을 마시고 샘물을 찾아 그와 함께 떠났다. 가다가 잠이 든 어린 왕자를 안고 걷다가 샘물을 발견했다.(24장) 둘은 함께 물을 마셨고, 왕자는 양의 입마개를 그려 달라고 했다. 내일은 왕자가 지구에 온지 1년이 되는 날이

며, 왕자는 내일 저녁 자기의 별로 돌아가려는 것 같았다.(25장) 다음날 저녁 '나'는 비행기를 고치고 왕자에게 돌아왔고, 왕자는 뱀을 통해 꽃이 있는 자기의 별로 돌아갔다.(26장) 6년 후인 지금 '나'는 입마개에 가죽끈 다는 걸 잊어버렸다는 것을 깨닫고 왕자를 추억한다.(27장)

02장

자 신 안 에 있 는 자 신 에 게
귀 를 기 울 이 라

헤르만 헤세 《데미안》

(번역본 : 전영애 역, 민음사)

자신의 길을 찾고 싶어 했던 헤르만 헤세(1877-1962)

데미안의 작가 헤르만 헤세는 독일 남부 뷔르템베르크의 칼프에서 독실한 선교사 부부의 아들로 태어나 매우 경건한 신앙의 가정에서 성장한다. 당연히 그의 부모님은 아들을 신학교에 보내고 싶어 했다. 그는 어린 시절 아버지의 사역 때문에 스위스의 바젤에서 살게 되는데, 학교에 들어가기 전 어린 시절을 원시림을 가까이하며 행복하게 보낸다(9살까지). 하지만 이후 고향 칼프로 돌아와 학교생활에 적응을 하지 못한다. 신학교 입

독일의 소설가 헤르만 헤세.

학을 위해 괴핑엔 라틴어학교를 다니고(13세), 견진성사를 받은 후 명문 개신교 신학교인 마울브론기숙학교에 입학한다(14세). 그러나 문학에만 관심이 있었던 그는 적응하지 못하고 신경쇠약에 걸려 학교를 그만둔다. 형을 따라 한 부인의 집에서 지내게 되는데, 그녀의 딸을 사랑하다가 좌절하고 자살을 시도하기도 한다. 그래서 정신병원에

가게 된다(15세). 어린 시절 살던 바젤로 돌아가 피스터 목사를 만났고, 그를 통해 좀 더 성숙한 소년으로 성장한다. 공립인문계학교 김나지움으로 편입해서 학교를 다니다가 자퇴하고, 시계 공장에서 견습공으로 일한다. 서점에서 점원으로 견습하며 문학을 공부하게 된다(18~21세). 점차 성숙한 청년이 되어 자신의 길을 찾은 헤세는 문학가로 자신의 길을 가게 된다. 제1차 세계대전에 지원하였으나 복무 부적격 판정을 받아 포로들을 구호하는 활동을 한다(37세 정도).

이러한 자신의 경험을 바탕으로 1차 대전이 한창이었던 1916년 데미안을 쓰기 시작했고, 1919년 완성했다. 감수성이 풍부했던 어린 시절 자신과 맞지 않는 신학의 길을 가야했고, 많이 방황했던 헤세는 인생의 주인이 되어 자신만의 삶을 살아가라고 주장했던 니체의 영향을 많이 받았다. 실제로 작품 속에서 H대학에 다니던 싱클레어의 책장에는 니체의 책이 놓여 있고, 데미안은 싱클레어와 대화하며 니체를 언급한다(7장). 또한 자살을 시도할 정도로 심리적인 문제를 가지고 있었기에 심리학자 융의 영향을 많이 받았다. 작품 속 주인공 싱클레어는 데미안과 피스토리우스, 에바 부인과 많은 대화를 나누는데, 마치 상담을 받으며 건강한 자신으로 회복되는 것 같은 느낌을 주는 장면들이 유난히 많다. 자신만의 인생 길을 찾고 싶었던 헤세는 나름의 방식으로 자신의 길을 찾는 데 성공했다. 그리고 40대가 되어 소설 《데미안》을 통해 자신의 이야기를 세상에 풀어냈다. 물론 그의 다른 작품을 통해서도 유사한 이야기를 쓰긴 했지만, 역시 《데미안》이 가장 대표적인 작품이라고 할 수 있겠다. 우리는 그에게서 세

1919년 출간된 《데미안》 초판 표제지.

상에 휩쓸리지 않고 자신만의 인생을 찾아가는데 조언을 얻게 될 것이다.

자신 안에 있는 자신에게 귀를 기울이라

소설이 시작되기 전 작가는 이런 말로 자신이 고민했던 것을 고백한다. '내 속에서 솟아 나오려는 것, 바로 그것을 나는 살아보려고 했다. 왜 그것이 그토록 어려웠을까?' 작가는 인생은 결국 자신에게로 이르는 길이라고 말한다. '한 사람 한 사람의 삶은 자기 자신에게로 이르는 길이다. 길의 추구, 오솔길의 암시다. 일찍이 그 어떤 사람도 완전히 자기 자신이 된 것은 없었다. 그럼에도 누구나 자기 자신이 되려고 노력한다.' 이렇게 끊임없이 자신 자신을 찾아가는 구도자가 바로 헤세 자신이었다. '나는 끊임없이 무언가를 찾는 구도자였으며, 아직도 그렇다.' 그는 자신의 길을 찾기 위해 제일 먼저 부모님과 부모님의 신앙을 깨고 독립한다. 그가 명문 신학교를 그만두고 튀빙엔의 헤켄하우어 서점에서 어머니에게 보낸 편지의 내용은 이렇다.

《데미안》(전영애 역, 2000년, 민음사)

엄마 이곳의 생활은 지난번 마울브론 학교보다 더 나쁘지만 저는 아무도 원망하지 않아요. 단지 조용하게 하나님을 저주해요. 사람들은 자꾸 저에게 설교를 해요. 하나님과 그리스도를 바라보라고 말이지요. 솔직히 저는 하나님 안에서 망상 밖에 보이지 않아요. 그리고 예수 안에서는 그냥 사람 냄새 밖에 맡지 못해요. 그게 제 솔직한 고백이에요. 신앙심 좋은 엄마가 저를 저주해도 뭐 어쩔 수 없죠. 엄마가 생각하는 하나님이 존재할 수도 있겠죠. 근데 저는 관심이 없어요. 엄마의 그런 강요와 설교로 제가 엄마의 신앙처럼 되리라고는 생각하지 말아 주세요. 하나님과 예수님이 제게는 너무 낯선 존재들이에요. '허무주의자' 헤세로부터.

헤세는 자신 안에 있는 문학적 감수성과 예술적 재능을 찾아 자신의 삶을 살았다는 점에서 자신 안에 있는 자신에게 귀를 기울여 누구보다 성공적인 인생을 살았다고 할 수 있다. 자신의 데미안인 니체의 책을 읽으며 그의 인도를 충실히 받았던 제자라고 할 수 있다. 누구나 어린 시절 자신의 길을 찾는 데 있어, 이런 고민과 치열한 방황은 반드시 필요한 것이라 할 수 있겠다. 그러나 헤세가 제안하는 방식으로 살아가자면 결국 자신의 구원자는 자신일 수밖에 없다. 헤세는 《데미안》의 서문에서 '누구 속에서든 정신은 형상이 되고, 누구 속에서든 피조물이 괴로워하고 있으며, 누구 속에서든 한 구세주가 십자가에 매달리고 있다'고 말한다. 그는 진정한 의미에서 자신을 구원자로 설정하는 탈기독교적 작가, 니체의 후예라고 할 수 있겠다. 작품 속에서도 자신을 찾아가라

가이엔호펜이 1909년 그린 헤르만 헤세 초상화.

는 구절이 수도 없이 반복되며, 결국 자신에게로 가는 열쇠로 자신의 내면으로 들어가 진정한 자신을 만나는 장면으로 소설은 마무리된다.

그는 결국 기독교 신앙을 버리고 점차 자신의 이성과 자신의 내면의 욕망에 충실하게 되는 독일의 만행과 유럽의 변화를 감지하게 하는 작가이다. 헤세가 작품 안에서 성경과 다르게 묘사한 두 인물, 즉 두려움으로부

터 벗어나 진정한 자신을 살아가는 카인, 자신의 신념을 버리지 않고 끝까지 자신을 살아간 회개하지 않은 강도의 모습이 왠지 내면의 소리에 충실하게 살아가면서 당당하게 자신을 살아갔지만 세상을 지옥으로 몰고 간 히틀러를 상상하게 된다는 점은 피할 수 없는 사실이다. 인간이 본질적으로 악하다는 점을 잊지 않는다면, 자신 안에 있는 자신에게 귀를 기울이는 것은 자신의 재능과 성품을 발견하고, 미래를 준비하는 과정으로만 한정되어야 할 것이다. 그렇지 않으면 니체나 헤세는 자신을 정당화하는 많은 악한 능력자들이 하나님을 버리고 자신의 길을 가는데 이용될 수도 있다.

데미안의 저자는 주인공 싱클레어?

헤세는《데미안》을 출간할 때 이미 꽤 유명한 소설가였다. 그는《데미안》의 작품에 대한 정당한 평가를 받기 위해 이미 유명해진 자신의 이름이 아닌, 작중의 주인공인 에밀 싱클레어를 저자로 내세워 출판했다. 물론 얼마 가지 않아 헤세의 문체를 알아본 사람들이 듣도 보도 못한 싱클레어가 아니라 헤세가 저자라는 것을 알아냈다. 우리는 좀 다르게 이 해프닝을 바라볼 수도 있다.

소설《데미안》의 주인공이자 서술자인 에밀 싱클레어.

《데미안》은 헤세 자신의 어린 시절 이야기를 문학적으로 형상화시킨 작품이다. 자신 안에 있는 자신을 발견하는《데미안》은 싱클레어의 이야기이므로, 작품의 작가도 싱클레어라고 했던 것은 아닐까? 이 작품에는 소설답게 픽션의 요소가 많이 담겨 있다. 작중 인물들도 대부분 가공된 인물이다. 그러나 작품 속에 묘사된 독실한 기독교 신자였던 주인공의 부모님과 가정에 대한 묘사라든지, 라틴어 학교를 다녔던 경험, 신학교에 입학하기 전 교회에서 견진성사를 받았던 것, 학교에 적응하지 못하고 방황했던 것이나, 자살 시도(작품 중에서는 동급생 크나우어가 시도함)와 전쟁에 대한 경험(전쟁 경험은 물론 작중에서처럼 그의 대학 시절 경험은 아니고 작품을 쓸 당시 30대 후반에 일어났던 경험이다.) 등은 자신이 겪었던 그대로다. 작품의 마지막에 싱클레어는 20세 전후로 데미안의 죽음 이후 자신 안에서 데미안을 발견한다.

즉, 수많은 방황 끝에 알(세상의 규범)을 깨고 나와 자신 안에 있는 자신을 발견하는 사람이 되는데, 신학교를 뛰쳐나와 서점에 취업하여 문학가로서의 자신의 길을 찾아갔던 자신의 20세 전후의 모습과 거의 일치한다. 작품의 화자 '나' 역시 나이가 들어 자신의 삶을 회고하는 주인공 싱클레어다. 실제 작가는 헤세이지만 작가를 싱클레어라고 하는 것도 아주 의미 있는 아이디어인 것 같다. 작가 헤세는 주인공 싱클레어이기도 하며, 따라서 싱클레어가 이 작품의 작가인 헤세이기 때문이다.

왜 이 작품의 제목은 《데미안》인가?

이 작품의 주인공은 에밀 싱클레어라는 소년이다. 작중 화자도 주인공 싱클레어 자신이다. 그는 작품 속에서 '나'로 등장해 10세에게 20세 정도까지의 삶의 여정을 추억한다. 그런데 왜 작품의 제목은 주인공이 아니라 그가 자기 자신을 발견하도록 이끌어주는 세 살쯤 형인 데미안일까? 결론부터 말하면 데미안은 단순히 싱클레어를 도와준 타자가 아니라, 싱클레어 내면의 자신이었기 때문이다. 이 작품 안에서 세상을 구성하는 두 세계를 통합한 진정한 자기실현의 존재, 선과 악, 남성과 여성, 아이와 성인을 넘나드는 동경의 대상은 압락사스라는 신비한 신적 존재다. 작품 안에서 알을 깨고 진정한 자신을 향해 나아가는 '새'는 압락사스를 향한다.

> 새는 알에서 나오려고 투쟁한다. 알은 세계이다. 태어나려는 자는 하나의 세계를 깨트려야 한다. 새는 신에게로 날아간다. 신의 이름은 압락사스.(5장)

그 압락사스를 형성화한 신비의 인물이 데미안인데, 데미안은 또한 어머니 에바 부인과도 구분이 되지 않는 존재이다. 이런 면에서 소설 《데미안》은 판타지적 요소를 가지고 있다. 싱클레어는 데미안에게도 에바 부인에게도 사랑의 감정을 느끼는 데 이것은 동성애나 친구 어머니와의 금지된 사랑이 아니다. 자신 내부에 있는 근원적인 자신에 대한 이끌림을 문학적으로 형성화한 판타지다. 작품 안에서 주인공 싱클레어와 다른 인물들은 모두 매우 현실적으로 그려진다. 주인공을 괴롭히는 프란츠 크로머의 속임수와 폭력은 매우 현실적이다. 그가 공원에서 만났던 미지의 소

전학생이자 싱클레어의 친구인 막스 데미안.

녀 '베아트리체'도 현실 속에서 얼마든지 찾을 수 있는 짝사랑의 대상이다. 그러나 데미안과 에바 부인은 현실적이지 않다. 데미안은 프란츠 크로머의 협박을 해결하는데, 어떻게 그런 일이 일어났는지 전혀 묘사되지 않는다. 단지 싱클레어에게 그를 죽여 버리라고, 두려움으로 그의 노예가 되지 말라고 격려하는 장면만 나올 뿐

이다. 데미안은 용기를 가지고 세상을 대하라고 격려하는 내면의 자아였던 것이다. 싱클레어는 데미안에게 무작정 예전 주소로 편지를 보낸다. 어디로 이사했는지도 모르는 데미안에게서 답장이 오는데, 그 답장은 싱클레어의 책 안에 쪽지로 발견된다.

데미안은 아이도 어른도 아닌 신비한 존재로, 그의 어머니 에바 부인은 남성도 여성도 아닌 신비한 존재로 그려진다. 이 두 인물은 결국 싱클레어의 내면에 존재하는 진정한 자신이 현실 안으로 현현한 존재라고 볼 수 있다. 소설의 결말에서 데미안은 전쟁 통에 자신 내면의 목소리에 귀를 기울일 줄 알게 된 싱클레어의 옆 침상에 신비하게 나타나서 앞으로 자신을 찾지 말고 '네 자신 안으로 귀 기울여야 해'라고 말하고는 사라진다. 싱클레어는 자신 안으로 들어가는 열쇠를 통해 내면으로 들어가 데미안과 완전히 닮아 있는 자신을 발견한다. 이 작품의 제목이 싱클레어가 아니고 《데미안》인 것은 데미안이 싱클레어 내면의 자신이었을 뿐만 아니라, 싱클레어 안에 있는 진정한 자신이었기 때문이다.

두려움의 노예상태에서 벗어나라

주인공 싱클레어는 자신을 과시하기 위해 사과를 훔쳤다고 거짓말을 한다. 그 거짓말을 이용해 프란츠 크로머가 그를 협박하고 2마르크라는 소년으로서는 갚을 수 없는 돈을 요구한다. 싱클레어는 자신이 거짓말 했다는 사실이 들통날까봐 사실을 말할 수 없었고, 결국 크로머의 노예가 된다. 자신의 시계를 주고 사건을 무마하려 했으나 크로머는 돈을 요구했다. 아버지에게 사실을 말하고 문제를 해결할 수 있었으나 그러지 못한다. 계속된 협박에 싱클레어는 2마르크를 갚기 위해 집에서 돈을 훔치기까지 한다. 도둑질까지 하게 된 것이다. 크로머는 부모님에게 돈을 훔쳐온 것을 일러바치겠다고 협박한다. 싱클레어는 돈을 다 갚지 못했기 때문에 크로머가 시키는 대로 지나가는 사람들에게 나쁜 짓도 해야 했으며, 크로머가 휘파람만 불면 나가야 했다. 그는 결국 누나를 데리고 나오라는 협박까지 받게 되었다. 누나를 데리고 나간다면 불량

마을의 소문난 불량배인 프란츠 크로머는 싱클레어를 어두운 세계로 이끈다.

한 크로머에게 어떤 일을 당할지 모를 일이었다. 싱클레어는 꿈에서까지 크로머의 노예가 되어 짓눌려 있었다.

> 이 꿈들 중 가장 무서운 꿈, 내가 반은 미쳐서 깨어나는 꿈은 아버지를 습격하여 살해하는 꿈이었다. 크로머가 칼을 갈아 내 손에 쥐어 주고, 우리는 어느 가로수 길의 나무들 뒤에 서서 누군가를 노리고 있었다. 누구를 노리고 있는지 나는 몰랐다. 그러나 누군가가 오고 크로머가 내 팔을 누르면서 내가 찔러죽어야 하는 것이 저 자라고 말했는데 그건 바로 우리 아버지였다. 그러다 잠이 깨었다.(2장)

싱클레어가 무엇인가를 두려워하고 있으며, 그 두려움이 힘을 부여 받고 지배력을 행사하고 있었다. 싱클레어가 이 지배력 하에 노예상태가 된 것을 데미안은 간파하고 있었다. 그리고 그것에서 나와야 한다고 말한다. 두려워할 필요가 없다고, 강력히 저항하여 그 노예상태에서 나와야 한다고 다음과 같이 말한다.

> 한 가지만은 다시 말해 주고 싶어. 우리가 벌써 이만큼 왔기 때문에 말이야. 넌 그 녀석을 떨쳐야 할 것 같다! 달리 안 된다면 애를 때려죽여! 만약 네가 그렇게 한다면 나도 좋겠어. 내가 널 돕기도 할 거구. … 우린 벌써 그 일을 하고 있어. 때려죽이는 것이 가장 간단한 일이겠지만 말이야. 그런 일들에서는 가장 단순한 것이 최선의 것이지.(2장)

어두운 세계를 마음속으로 갈망하다가 그 세계를 대표하는 크로머에게 노예가 된 싱클레어는 데미안의 말을 듣고 희망 같은 무엇이 생겼다. 두려움은 갑자기 극복되지 않았으나, 그는 크로머와 대결할 생각을 하게 되었다. 그리고 더 이상 휘파람 소리는 들리지 않았고, 크로머는 그를 더 이상 괴롭히지 않았다. 소설에서는 왜 이런 상황의 변화가 있었는지 쓰고 있지 않다. 많은 독자들이 궁금해하는 대목이다. 중요한 것은 싱클레어가 데미안의 조언을 듣고, 스스로 희망을 가지고 두려움의 대상이자 자신을 노예상태로 만들었던 크로머와 대결을 하려고 마음을 먹은 이후에 모든 상황은 달라졌다는 것이다. 두려움의 노예상태에서 벗어난 싱클레어는 성숙한 인간으로 한 단계 성장하게 된다.

신앙적으로 성장하여 성숙한 그리스도인이 된다는 것은 예배에 정기적으로 참석하고 금주와 금연의 규칙을 지키고 성경을 정기적으로 읽는 것을 훨씬 넘어서는 일이다. 그것은 두려움의 노예상태에서 벗어나 자유로운 한 인간으로서 하나님의 말씀을 순종하며 살아갈 수 있는 상태가 되는 것이다. 하나님의 말씀을 순종하고 살아가려면 가장 먼저 두려움을 이겨야 한다. 구원의 계획을 이루시기 위해 부르신 아브라함은 본토 친척 아비 집을 떠나라는 명령을 받는다. 이것은 매우 큰 두려움을 수반하는 명령이었다. 가족의 안전을 담보할 수 없었고, 먹고 사는 문제를 보장할 수 없는 명령이었다. 구약 이스라엘 백성들이 애굽의 노예상태에서 해방되

1863년 루이 브르통이 그린 영지주의의 신인 아브락사스.

기 위해 가장 먼저 필요한 것은 애굽과 바로를 두려워하지 않는 것이었다. 모세가 바로에 대항하는 것은 대단한 담력이 필요한 일이었다. 바로의 권세와 애굽의 군대를 두려워하면 출애굽은 시도될 수 없는 일이었다.

우리가 그리스도인이 되어 하나님나라를 누리며 살아가려면 이전의 삶과 결별하는 용

기와 결단이 필요하다. 성경은 모든 인간이 사탄의 노예상태로 살아가고 있다고 말한다. 그것은 바로 두려움의 노예상태로 살아가는 것을 말한다. 인간은 하나님과의 교제가 단절된 이후 두려움 속에 살아간다. 왜냐하면 인간에게 필요한 모든 것을 공급하시는 하나님과의 단절은 인간 스스로 모든 것을 책임져야 하는 상태를 만들기 때문이다. 따라서 하나님을 떠난 모든 인간은 두려움의 노예상태 속에 있게 되는 것이다. 두려움 속에서 어리석은 부자처럼 삭개오처럼 욕망의 노예가 된다. 권력을 빼앗길까 두려운 사울처럼 하나님께 순종하지 못하고 비극적인 인생이 되는 것이다. 이것이 바로 두려움의

줄리어스 크론베르그가 1885년에 그린 유화 <다윗과 사울>.

노예상태이다. 두려움의 노예상태가 되면 자신의 욕망과 죄악 속에 살아갈 수밖에 없다. 바울은 로마서에서 하나님을 거부하는 인간은 욕망의 노예가 되어 불행한 삶을 살아가게 된다는 진리를 전한다.

'그러므로 하나님께서 그들을 마음의 정욕대로 더러움에 내버려 두사 그들의 몸을 서로 욕되게 하게 하셨으니'(롬 1:24)

하나님을 거부하고 동생을 죽인 가인의 자손 에녹은 자신의 욕망으로 많은 이들을 죽이는 정복자가 되었으나, 그 인생은 사실 다른 사람들에 대한 두려움의 노예상태였던 것이다.

'라멕이 아내들에게 이르되 아다와 씰라여 내 목소리를 들으라 라멕의 아내들이여 내 말을 들으라 나의 상처로 말미암아 내가 사람을 죽였고

나의 상함으로 말미암아 소년을 죽였도다 가인을 위하여는 벌이 칠 배일진대 라멕을 위하여는 벌이 칠십칠 배이리로다 하였더라'(창 4:23-24)

하나님을 신뢰하고 모든 두려움에서 벗어나 담대하게 아브라함처럼 여호수아처럼 다윗처럼 순종할 때, 두려움의 노예상태에서 벗어나 하나님 나라의 도래를 경험하게 된다. 하나님께서 여호수아에게 요청하신 것은 바로 강하고 담대하라는 것이며 두려워하지 말라는 말씀이었다.

'강하고 담대하라 너는 내가 그들의 조상에게 맹세하여 그들에게 주리라 한 땅을 이 백성에게 차지하게 하리라 오직 강하고 극히 담대하여 나의 종 모세가 네게 명령한 그 율법을 다 지켜 행하고 우로나 좌로나 치우치지 말라 그리하면 어디로 가든지 형통하리니 이 율법책을 네 입에서 떠나지 말게 하며 주야로 그것을 묵상하여 그 안에 기록된 대로 다 지켜 행하라 그리하면 네 길이 평탄하게 될 것이며 네가 형통하리라'(수 1:6-8)

영적인 원리는 간단하다. 두려움에서 벗어나 강하고 담대해지는 것이다. 그런데 이것이 어떻게 가능한가? 바로 하나님의 약속을 믿는 것이다. 하나님을 신뢰하고 그 약속을 믿으면 담대해진다. 담대해지면, 즉 두려움의 노예상태에서 벗어나면 하나님의 말씀에 순종하게 된다. 그러면 하나님께서 형통하게 하신다. 하나님을 신뢰하지 못하여 가난해질까 염려하는 두려움의 노예상태가 되면, 고아와 이웃을 돌보지 못한다. 고아와 이웃을 돌보지 못하면 약속된 하나님의 축복도 누리지 못한다. 두려움의 노예상태에서 벗어나 강하고 담대한 삶을 살아가는 것은 데미안이 제시하는 성숙의 과정이기도 하며, 나아가 성경 전체가 제시하는 구원의 길이기도 하다.

자신만의 부르심에 따라
자신만의 특별한 삶을 살아가라

헤세가 소설 《데미안》에서 하고 싶은 이야기는 자기 자신 내면의 목소리에 귀를 기울이라는 것이다. 자신의 내면에서 솟아나오는 그것을 살아보라는 것이다. 그러면 내면에서 솟아나오는 그것의 반대되는 것은 무엇인가? 바로 부모님이나 세상이 규정해 놓은 정답, 세상이 만들어놓은 틀이다. 그것을 따르지 말고, 자신만의 내면의 소리에 귀를 기울여 자기 스스로가 삶의 주인이 되라는 것이다. 7장에서 주인공은 H대학에 다니는데, 주위의 학생들은 모든 사회에서 찍어낸 벽돌처럼, 공장에서 만든 기성품처럼 똑같은 모습을 하고 있었다. 사회가 요구하고 세상이 규정해 놓은 길을 갈 준비를 하고 있었다. 주인공과 데미안은 그러한 모습을 비판하며, 그러한 세상(유럽)은 깨어지고 새롭게 태어나야 한다고 말한다. 《데미안》에서는 수없이 많은 화자들이 이와 관련해 반복적인 이야기를 한다.

> 그러나 내 인생에서 나에게 흥미 있는 것은 오직 나 자신에 이르기 위하여 내가 내디뎠던 걸음들뿐이다. (3장, 싱클레어의 자기고백)
>
> 똑똑한 이야기를 늘어놓는 건 전혀 가치가 없어, 아무런 가치도 없어. 자기 자신으로부터 떠날 뿐이야. 자기 자신으로부터 떠나는 건 죄악이지. 자기 자신 안으로 완전히 기어들 수 있어야 해, 거북이처럼. (3장 데미안의 말)
>
> 아무려나 어떤 목적으로 네가 지금 네 잔을 마시고 있는지, 그것은 우리 둘 다 알 수 없어. 하지만 너의 인생을 결정하는, 네 안에 있는 것은 그걸 벌써 알고 있어. 이걸 알아야 할 것 같아. 우리들 속에는 모든 것을 알고, 모든 것을 하고자 하고, 모든 것을 우리들 자신보다 더 잘 해내는

어떤 사람이 있다는 것 말이야.(4장, 술을 마시는 싱클레어에게 데미안이 한 말)

내 속에서 솟아 나오려는 것, 바로 그것을 나는 살아보려고 했다. 왜 그것이 그토록 어려웠을까?(5장 주인공의 독백)

자신을 남들과 비교해서는 안 돼, 자연이 자네를 박쥐로 만들어놓았다면, 자신을 타조로 만들려고 해서는 안 돼. 더러 자신을 특별하다고 생각하고, 대부분의 사람들과는 다른 길을 가고 있다고 자신을 나무라지. 그런 나무람을 그만두어야 하네. 불을 들여다보게, 구름을 바라보게. 예감들이 떠오르고 자네 영혼 속에서 목소리들이 말하기 시작하거든 곧바로 자신을 그 목소리에 맡기고 묻질랑 말도록. 그것이 선생님이나 아버님 속은 그 어떤 하느님의 마음에 들까 하고 말이야. 그런 물음이 자신을 망치는 거야.(6장 피스토리우스의 말)

자네도 비밀 의식을 가지고 있군. 자네는 틀림없이 나한테 이야기하지 않은 꿈을 꿀 게야. 알 생각은 없네. 그러나 말해 두겠는데, 그것을, 그 꿈들을 그대로 살게, 그것을 유희하게, 그것에 제단을 세워주게. … 압락사스를 알면, 더 이상 그래서는 안 돼. 아무것도 무서워해선 안 되고 영혼이 우리들 마음 속에서 소망하는 그 무엇도 금지되었다고 해서는 안 되지.(6장 피스토리우스의 말)

그건 늘 어려워요. 태어나는 것은요. 아시죠 새는 알에서 나오려고 애를 쓰지요. 돌이켜 생각해 보세요. 그 길이 그렇게 어렵기만 했나요? 아름답지는 않았나요? 혹시 더 아름답고 쉬운 길을 알았던가요? … 그래도, 자신의 꿈을 찾아내야 해요. 그러면 길을 쉬워지지요.(7장 에바 부인의 말)

꼬마 싱클레어 잘 들어! 나는 떠나게 될 거야. 너는 나를 어쩌면 다시 한 번 필요로 할 거야. 크

1935년경의 심리학자 칼 융의 모습. 《데미안》은 융의 심리학의 영향을 보여준다.

로머에 맞서든 혹은 그 밖의 다른 일이든 뭐든. 그럴 때 네가 나를 부르면 이제 나는 그렇게 거칠게 말을 타고, 혹은 기차를 타고 달려오지 못해. 그럴 때 넌 네 자신 안으로 귀 기울여야 해. 그러면 알아차릴 거야. 내가 네 안에 있다는 것을.(8장 데미안의 말)

헤세가 다른 사람에 의해 주입된 길, 사회가 규정한 길을 벗어나라고 했던 것은 일정 부분 인생에 매우 중요한 가르침인 것이 사실이다. 부모님에 의해 규정된 길, 인생 선배들이 안정을 위해 권하는 길을 가지 말고, 자신의 내면에 귀를 기울이라는 말은 중요한 조언이다. 실제로 자신의 재능과 자신에게 주어진 사명에 대해 어떤 고민도 하지 않고, 취업을 위해 안정을 위해 무의미한 삶을 살아가는 이들이 얼마나 많은가?

그러나 작가의 가르침이 불편한 것은 데미안이 싱클레어에게 해주었듯이 카인이나 예수님 옆에 달린 강도에 대한 해석처럼 기존의 신앙이나 사회의 규범들을 무조건 무시하고 자신의 소리에 귀 기울이고 자신만의 깨달음을 향해 가라고 하기 때문이다. 헤세는 신앙을 속박으로 보았다. 기독교를 해악으로 보았다. 그가 말하는 자신만의 인생은 하나님으로부터 예수에 대한 믿음으로부터 성경으로부터 벗어나 스스로 찾은 답을 말하는 것이다. 이렇게 정답을 찾을 수 있는 사람이 얼마나 있을까? 아니 있기는 한 걸까? 악한 본성으로 가득한 개인에게 자신의 삶을 송두리째 맡긴다면 얼마나 심각한 결과가 올까? 헤세는 대부분의 작품에서 계속 이러한 주장을 하는데, 이것은 결국 인간을 무한 긍정하는 순진한 생각에 가깝다. 헤세도 스스로 어느 정도 잘못된 결과도 인정했던 것 같다.

칼브에 있는 헤르만 헤세의 생가.

모든 사람에게 있어서 진실한 직분이란 다만 한 가지였다. 즉 자기 자신에게로 가는 것. 시인으로 혹은 광인으로, 예언가로 혹은 범죄자로 끝장날 수도 있었다.(6장)

이사야 선지자가 말하듯 '우리는 다 양 같아서 그릇 행하여 각기 제 길로 간다'는 점에 동의한다면, 우리는 저자가 말하듯 자신만의 깨달음을 향해 가는 무조건적 자유를 누려서는 안 될 것이다. 우리는 적극적으로 스스로의 삶에 대해 치열하게 고민해야 한다. 단순히 안정을 위해서 부를 위해서 사회적 지위를 위해서 달려가는 기성품이 되어서는 안 된다. 그러나 그 범위는 오직 신앙 안에서여야 한다. 죄악으로 가득한 우리의 내면에는 선한 것이 없다. 따라서 우리를 창조하신 창조주를 믿는 믿음 안에서 세상의 유혹과 안정에 대한 욕구와 두려움의 노예상태를 벗어나야 한다. 자신만의 부르심을 따라 자신만의 특별한 삶을 살아가기 위해 하나님 안에서 자신의 내면에 귀 기울여야 한다. 히브리서 11장에 열거하듯이 아브라함, 모세, 여호수아, 다윗과 수많은 선지자들은 예수님께서 제시하셨듯이 자신만의 부르심을 따라 자신만의 특별한 삶을 살아간 사람들이다. 그들의 삶은 사탄이 제시하는 세상의 유혹, 달콤한 안정에 만족한 삶이 아니라 두려움을 이기고 자신만의 부르심을 따라 하나님나라를 이루며 살아간 진정으로 자유롭고 독립적인 자신만의 삶이면서 동시에 세상을 진정으로 아름답게 하는 그리스도인의 삶이다.

이런 의미에서 우리는 《데미안》에서 가장 유명한 문장의 의미를 성경적으로 조명해야 할 것이다. 〈새는 알에서 나오려고 투쟁한다. 알은 세계이

헤르만 헤세가 1906년에 발표한 《수레바퀴 밑에서》 표지.

다. 태어나려는 자는 하나의 세계를 깨트려야 한다.〉 이것은 새 그림을 그려서 보낸 싱클레어의 편지에 대한 데미안의 답변이었다. 알 속에서 나오지도 않고 살아가는 새와 같은 인생은 죽은 인생이다. 회개하고 천국을 맛보며 살아가지 않는 인생은 욕망의 노예로 죽은 인생과 다를 바 없다. 성경은 예수님을 통해 그 죽음에서 깨고 나와 진정한 생명을 얻으라고 말씀하고 있다.

> '내가 진실로 진실로 너희에게 이르노니 내 말을 듣고 또 나 보내신 이를 믿는 자는 영생을 얻었고 심판에 이르지 아니하나니 사망에서 생명으로 옮겼느니라'(요 5:24)

니체가 꿈꾸고 헤세가 꿈꾸었던 자신만의 주체적인 자유로운 삶은 세상의 규범과 기독교 신앙을 넘어서 존재하는 것이 아니라 복음 안에서 살아갈 수 있는 삶이다.

> '그러므로 예수께서 자기를 믿은 유대인들에게 이르시되 너희가 내 말에 거하면 참으로 내 제자가 되고 진리를 알지니 진리가 너희를 자유롭게 하리라'(요 8:31-32)

우리는 잘못된 전통에 매달려 권세와 물질에 집착했던 유대인들처럼 사탄의 종노릇하고 세상이 정한 길을 따라가는 인생이 아니라, 주님 안에서 삶의 목표를 발견하고 하나님의 사명을 향해 달려가는 진정으로 자유로운 인생을 살아갈 수 있도록 내가 주인 된 삶, 죽은 자의 삶이라는 알을 깨고 나와야 할 것이다.

두 세계(프란츠 크로머) [1]

주인공 에밀 싱클레어는 라틴어 학교에 다니던 열 살 때를 추억한다. 그의 집에는 두 세계가 존재하고 있었다. 하나는 아버지의 집으로 밝은 세계였다. 그 안에는 사랑과 모범, 맑음과 깨끗함, 성경과 지혜가 있었다. 다른 하나는 완전히 다른 어두운 세계였다. 하녀들과 직공들, 유령 이야기와 스캔들, 술 취함, 강도, 살인, 자살이 있는 세계였다. 싱클레어는 밝은 세계를 소망하고, 그 세계로 가야한다는 것을 알고 있었다. 그러나 그의 내면은 어두운 세계에 더 매력을 느꼈다. 열 번째 생일이 막 지나 라틴어학교를 다니고 있을 때 이웃 공립학교를 다니는 친구들과 어울렸고, 그는 세 살쯤 많은 불량스러운 프란츠 크로머를 만났다. 그 불량한 아이에게 끌렸고, 그의 세계에 속하고 싶어서 자신이 사과를 훔쳤다는 이야기를 자세히 꾸며 댔다. 이 이야기를 들은 불량학생 프란츠 크로머는 주인에게 일러바친다는 협박을 한다. 싱클레어는 꼼짝없이 2마르크를 빚진 신세가

---

1 이하 장제목 옆 인물은 주인공이 만난 주요 인물.

되었다. 부모님의 돈을 훔치기도 했고, 돈이 없을 때는 크로머가 좋아할 것 같은 물건을 가지고 나갔다. 시키는 대로 지나가는 사람에게 나쁜 짓도 해야 했다. 극심한 고통 속에 크로머의 노예로 살아가고 있었다. 그의 휘파람 소리가 나면 싱클레어는 그에게 나아가 순종해야 했다. 영웅인 척하려고 거짓말을 했던 싱클레어는 가정의 보호를 벗어나 극심한 고통 속에서 지내게 되었다.

카인(막스 데미안)

싱클레어가 다니던 라틴어 학교에 막스 데미안이라는 세 살 쯤 많은 학생이 전학을 왔다. 그는 나이가 많은 것처럼 느껴졌고, 선생님들과도 맞서는 자신감 있는 학생이었다. 왠지 거부감도 느껴지는 인물이었다. 데미안은 창세기에 나오는 카인에 대한 이야기를 전혀 다르게 해석해 주었다. 〈카인은 비범한 정신과 담력이 있는 인물이었고, 사람들은 그를 두려워했다. 용기와 개성이 있는 카인에 대한 두려움을 숨기기 위해 사람들이 이야기를 만들어 냈다. 카인의 표적은 우월함에 대한 표창이었는데, 신이 그를 해하지 못하도록 이마에 표를 주었다〉라는 해석이었다. 사람들은 어떤 대상에 대해서 두려워하는 마음에 정당성을 부여하기 위해 이야기를 만들어 퍼트렸다는 것이다. 싱클레어는 혼란스러웠다. 하지만 카인 이야기는 싱클레어에게 새로운 생각을 하게

1542~1544년에 티치아노가 그린 〈가인과 아벨〉. 데미안은 아벨을 죽인 가인이 이마에 표식을 받은 것은 강자이기 때문에 하나님께 보상을 받은 것이라는 말에 싱클레어는 점점 마음에 들어 한다.

했다.

싱클레어는 크로머에게 누나를 데려오라는 명령을 받았다. 끔찍한 일이 벌어질 수도 있게 되었다. 이때 싱클레어는 데미안을 만났는데, 누군가를 두려워하면서 노예가 되어 있는 자신의 상태를 데미안은 알고 있었다. 데미안은 싱클레어에게 크로머에 대한 두려움을 극복하라고 말한다. 그리고 크로머와의 문제는 해결되었다. 크로머는 싱클레어를 피하기까지 했다. 구원이 데미안에게로부터 왔지만, 싱클레어는 자신의 이야기를 들켰다는 불편함도 있고, 아버지에게 들은 카인교도에 대한 말도 있고 해서 데미안과 거리를 두게 되었다.

루벤스가 1619~1620년 사이에 그린 유화 <두 강도 사이의 십자가 위 그리스도>. 데미안은 예수를 부인한 한쪽 강도가 더 낫다고 하면서 자신의 선택에 대해 끝까지 책임의식을 가지는 것을 말하는데, 이것이 싱클레어 내면의 변화와 데미안에 대한 동경의 단초가 된다.

예수 옆에 매달린 도둑(막스 데미안)

크로머에 대해 자유롭게 되고 몇 년이 지났다. 또 다른 어두운 세계가 싱클레어를 찾아왔다. 그에게 여전히 데미안에 대한 생각은 사라지지 않았다. 싱클레어에게 떠오르는 데미안의 모습은 집 앞에서 자신의 집 대문 위에 그려져 있는 새를 그리는 모습이었다. 그에게 데미안은 시간을 초월한 신비한 인물로 느껴졌다. 한 동안 거리를 두고 있었던 데미안과 견진성사 수업을 받게 되었다. 그때는 성에 눈을 뜨게 되는 시기이기도 했다. 데미안과 다시 가까워졌다. 둘은 독심술과 자유의지에 대해 대화를 했다. 견진성사 수업 중 나온 예수의 죽음에 대한 이야기에 대해 데미안은 카인의 경우처럼 다른 해석을 한다. 〈회개하지 않은 도둑이야말로 자신이 거기까지 가도록 도와준 악마로부터 도망가지 않고 자신의 길을 끝까지 간 개성을 가진 사람이다. 두 강도 중에 한 사람을 신뢰할 수 있다면 그것은 회개하지 않은 강도이다〉라는 것이다.

싱클레어는 카인의 이야기를 들었을 때처럼 당황스러웠다. 받아들일 수 없었다. 그러나 매 순간 데미안의 이야기가 마음에 남았다. 데미안은 선 뿐 아니라 악도 인정해야 하며. 하나님을 믿는 공인된 세계와 금지된 악마의 세계 둘 다 인정하는 신앙을 만들어야 한다고 주장했다. 생명을 존중한다면 성적 욕구도 선하게 인정해야 한다는 것이다. 데미안의 강도 이야기를 받아들일 수 없었지만, 세상의 절반이 아니라 세상의 전부를 인정해야 한다는 데미안의 이야기를 통해 많은 부분을 깨닫게 되었다. 성적인 충동도 금지된 것이나 억압해야 할 것이 아니라, 인정해야 하는 것이 된다는 것을 깨닫게 된다. 싱클레어는 견진성사 수업 중에 자신에게 몰입하여 들어간 데미안을 통해 자신 안으로 들어가는 법을 배우고 있었다. 데미안은 여행을 떠났고, 싱클레어는 혼자가 되었다.

베아트리체(베아트리체)

싱클레어는 고향을 떠나 공립학교 김나지움에 들어가게 되었다. 싱클레어는 소년의 모습이 사라진 제법 성인과 같은 모습으로 성장했다. 그는 하숙집에서 사랑 받지도 못했고, 별난 인간으로 취급 받았다. 싱클레어는 자신을 칭찬해 주는 친구를 통해 술의 세계로 들어갔고, 술 취함과 방종의 세계로 들어갔다. 그는 충동의 노예가 된 자신을 혐오하게 되었다. 그는 친구들에게 추앙 받았으나 그의 마음은 고통스러웠다. 그는 밝은 세계에 대한 추억이 있었지만 돌아갈 수 없었고, 어두운 세계에 속했으나 거기에 하나 될 수 없었다. 자신의 타락과 방종이 싫었지만 어두운 세계에서 나올 능력도 없었다. 그는 학교에서 퇴학당할 위기에 처했다.

그러던 어느 봄 날 그는 공원에서 한 소녀를 만나게 되었다. 멋진 옷차림에 소년의 얼굴을 한 소녀였다. 그 소녀와 만나서 교제하지도 못한 채로, 그녀에게 베아트리체라는 이름을 부여하고 그녀를 숭배하게 되었다. 말 한마디 나눈 적이 없었지만, 그녀는 이미 깊은 영향을 주었다. 삶에 놀라운 변화가 생겼다. 타락의 세계에서 벗어나 술집을 멀리할 수 있었으며, 혼자 있을 수 있었고, 책을 읽을 수 있었다. 주변 친구들은 그를 비웃었지만, 어두운 세계로부터 벗어나려는 열망과 힘이 생겼다. 성적인 욕구도 이겨낼 수 있었다. 그는 베아트리체의 그림을 그리다가 충만한 생명력이 가득 찬 얼굴, 소녀와는 다른 얼굴을 그리게 되었다. 그 얼굴은 바로 데미안이었다. 후에 데

싱클레어와 데미안을 비롯한 어린 시절 이야기의 배경인 김나지움. 사진은 게오르그 칸토어 김나지움 전경.

미안을 다시 만난다. 데미안은 술을 마시는 싱클레어에게 자신의 내면에 집중하라고 말해 주었다. 데미안과 헤어지고 데미안이 과거에 자신의 집 대문에 있는 새 모양을 그리는 꿈을 꾸었다. 싱클레어는 스스로 그 새의 그림을 그렸다. 그리고 새의 그림을 데미안에게 편지로 보냈다.

새는 알에서 나오려고 투쟁한다(피스토리우스)

책에 꽂혀 있는 쪽지 형태로 편지의 답변이 왔다. 〈새는 알에서 나오려고 투쟁한다. 알은 세계이다. 태어나려는 자는 하나의 세계를 깨뜨려야 한다. 새는 신에게로 날아간다. 신의 이름은 압락사스〉 싱클레어는 수업 시간에 선생님에게서 압락사스에 대해 듣게 된다. 신적인 것과 악마적인 것을 결합시키는 상징적인 이름이라고 설명해 주었다. 두 세계 모두를 존중하는 어떤 것. 싱클레어는 그것에 빠져 들었다. 그는 다른 이들처럼 플라톤도 읽고 삼각함수도 풀 수 있었지만, 자신의 내면에 있는 목표를 꺼내는 것은 할 수 없었다. 그는 내면의 폭풍 속에서 온 겨울을 보냈다.

그러다가 교회 옆에서 오르간 연주를 들었다. 이후에도 뭔가 자신을 끄는 그 연주를 종종 듣곤 했다. 한 번은 그 연주자를 따라 작은 선술집으로 들어가 대화하게 되었는데, 그의 이름은 피스토리우스였다. 그는 목사의 아들로서 신학도였는데 지금은 학업을 그만둔 상태였다. 그를 만난 이후 싱클레어는 자신의 어렸을 때가 생각났다. 자연물을 바라보는 버릇

프란츠 가레이스가 1799년경 그린 독일의 작가 노발리스. 싱클레어는 그의 책을 잊고 감명을 받아 초상화 밑에 "운명과 감정은 한 개의 개념에 대한 다른 이름이다"라고 적는다.

이 있었던 자신의 모습이 생각났고, 그 회상은 자신만의 삶의 목표를 찾는 데 큰 도움이 되었다. 그와의 대화들은 그 스스로의 알을 깨는 데 도움을 주었다.

야곱의 싸움(피스토리우스와 동급생 크나우어)

성숙한 괴짜였던 피스토리우스는 용기를 주었고, 자신의 목소리에 충실하라고 가르침을 주었다. 그의 음악은 자신의 목소리를 들을 수 있는 준비가 되어 주었다. 그는 압락사스에 대해 말해 주었다. 자신이 소망하는 그 무엇도 금지하지 말고, 내면세계에 있는 것에 충실하라고도 이야기해 주었다. 신학도의 길을 버리고 자신의 길을 가는 피스토리우스에게서 싱클레어는 많은 것을 배우고 있었다. 이후 싱클레어는 크나우어라는 동급생과 내면의 힘에 대해 이야기한다. 동급생과 헤어지고, 싱클레어는 계속 몰두해 있었던 꿈속의 얼굴에 대해 그림을 그렸다. 그는 남성이며 여성이고, 압락사스 같은 것이었다. 그 모습 앞에서 야곱의 말이 들렸다. 〈나에게 축복을 내리지 않으면 보내지 않겠다〉 몽환적인 경험이었다. 자살을 시도하려던 크나우어와 다시 만났고, 후에 피스토리우스와 다시 만났다. 그는 싱클레어가 자신의 영혼에게로 나아가게 해주었다. 그럼에도 불구하고 싱클레어는 그를 지도자로 인정하는 것에 대해 저항하고 그와 결별했다. 그는 피스토리우스를 떠나 자신에게서 카인의 표적을 느꼈다. 피스토리우스는 그에게 자신의 운명을 향해 가는 구간의 길잡이였다. 그의 학창 시절이 끝났다.

에바 부인(에바 부인과 데미안)

방학 중 고향으로 돌아가 데미안의 집에 들러 보았다. 그 집에 새 주인이 된 부인이 데미안 어머니의 사진을 보여 주었다. 사진 속 그녀는 계속 꿈에서 만났던 남성이자 여성의 모습, 수호자이자 어머니, 운명이자 연인인 바로 그 모습이었다. 그는 H대학에 가서 니체를 읽었다. 그처럼 자신의 길을 갔던 사람이 존재했다는 것이 행복했다. 그리고 데미안을 다시 만났다. 데미안은 싱클레어가 전부터 카인의 표적을 가지고 있었고, 지금 더 분명해졌다고 말했다. 반면에 자기 자신과 하나가 되지 못한 유럽 사람들을 모두 불안하다고 지적했다. 데미안은 길을 걷다가 자신의 집을 보여주고, 집으로 싱클레어를 초대했다.

드디어 사진 속의 여인, 꿈속의 신비한 존재, 데미안이자 어머니인 에바 부인을 만났다. 그 집에는 싱클레어가 그린 새 그림이 있었다. 에바 부인은 싱클레어가 데미안을 처음 만났을 때부터의 여러 이야기를 추억했다. 에바 부인은 자신만의 꿈을 찾아야 하며, 꿈을 찾았다고 해도 한 꿈에 집착하지 말라고, 단지 그 꿈이 자신의 운명이라면 그 꿈에 충실하라고 말해 주었다. 그는 자주 그녀의 집에 갔다. 그는 에바 부인과 꿈에 대해 많이 이야기했다. 그녀의 집을 방문하면서 자신의 운명에 충실한 진정한 구도자가 되어가고 있었다. 에바 부인에 대한 사랑은 자신을 더 깊게 자신 속에 인도해 주었다. 그리고 싱클레어는 자신에게 집중하여 모든 것을 초월한 것 같은 데미안의 모습을 또 보게 되었다. 데미안은 꿈 이야기를 하며 세상이 죽음에 의해 새로워질 것을 예언한다.

바스티앙 쿠페르가 그린 에바 부인.

종말의 시작(에바 부인과 데미안)

싱클레어는 자주 에바 부인과 함께 있었다. 데미안이 말을 타고 와서 전쟁의 소식을 전해 주었다. 그리고 데미안은 입대했다. 전쟁은 운명이며, 그 운명이 부르는 것이다. 마음의 준비를 끝내고 싱클레어도 전쟁터로 가게 되었다. 거기에서 많은 이들이 운명의 의지에 접근하는 것을 보았다. 전쟁은 새로 태어나기 위해 죽이고 말살하고 죽으려는 영혼의 발산이었다.

거대한 새가 알에서 나오려고 투쟁하고 있었다. 알은 세계였고 세계는 짓부수어져야 했던 것이다. 싱클레어는 자신의 주위에 한 지도자가 있음을 감지했다. 큰 폭탄에서 나온 파편에 맞고 부상을 당해 누웠는데, 그 파편은 에바 부인의 이마에서 나온 것이었고, 자신을 알에서 나오게 하는 부서짐의 도구였다. 싱클레어가 누워 있는 매트리스 옆에 이마에 표적을 가지고 있는 데미안이 누워 있었다. 데미안은 프란츠 크로머를 기억하느냐고 물었다. 데미안은 자신이 떠날 것이며, 이제는 자신을 찾지 말라고 말한다. 그 대신 자기 안에 귀를 기울이면, 바로 그 안에 바로 데미안 자신이 있을 것이라고 말한다. 싱클레어는 자신 속으로 내려가 자신의 모습을 볼 수 있었고, 자신은 데미안과 완전히 닮아 있었다.

03장

벌 레 처 럼   취 급 되 는
소 외 된   인 생 의   외 침

프란츠 카프카 《변신》

(번역본 : 박종서 역, 동서문화사)

이방인의 대명사, 프란츠 카프카(1883-1924)

　이방인, 경계인, 소외 같은 단어와 가장 잘 어울리는 유명인이 바로《변신》의 작가 프란츠 카프카다. 그는 프라하에서 태어났으나 체코인도 아니었고, 독일어로 작품 활동을 했으나 독일인은 더더욱 아니었으며, 유대인의 피가 흘렀으나 유대인의 정체성을 거의 물려받지 못한 철저한 이방인이었다. 그의 아버지 헤르만 카프카는 유대인이었지만 종교성을 거의 버리고 사업으로 성공한 부유한 상인이었다. 그가 아들 프란츠 카프카를 낳았을 때(1888) 프라하는 오스트리아-헝가리 제국(1867~1918)의 한 도시였다. 그는 카프카를 산업이 발달한 서유럽에서 살게 하려고 독일어를 쓰는 학교에 보냈다. 물론 집에서는 체코어를 썼지만, 돈 들여서라도 이른바 German Dream을 실현시켜 주려 했던 것이다. 당시 독일어로 교육을 받는 프라하 시민은 아주 소수였다고 한다. 결과적으로 카프카는 오스트리아인도, 헝가리인도, 체코인도, 독일인도, 유대인도 아닌 철저히 이방인이며 경계인으로 정체성의 혼란을 겪으며 살게 되었다. 그가 쓴 독일어는 독일 사람들이 볼 때 약간 어색한 독일어였고, 체코어로 글을 쓰지 않은 것으로 보아 그에도 익숙하지 않았을 것이다. 그는 자신의 민족 유대인들에게서 정체성을 찾고 싶었지만 독일어 문자에 히브리어, 아람어가 결합된 동유럽 유대인들의 이디쉬어도 할 줄 몰랐다. 그가 한참 직장을 다니며 작품을 쓰는 동안 오스트리아-헝가리 제국은 해체되었다. 그가 죽은 후 오래 살아남은 가족들은 나치 유대인 학살의 피해자가 되었다.

그는 도대체 자신을 누구라고 정의했을까? 누구보다 내면과 정신세계에 관심이 많았던 그는 어디에서도 자기 존재의 기반을 찾기 어려웠다. 카프카는 오늘 왔다가 내일 떠나는, 스스로 어디에도 속하고 싶지 않은 방랑자가 아니었다. 그는 어제 여기에(유럽에) 와서 오늘부터 여기에 머물러야 하는 이방인이었다. 그는 외모도, 혈통도, 문화도, 종교도 다른 이방인으로 게토에 갇혀 가난과 차별 속에 살아가던 유럽 내 유대인들의 상처를 상속 받았고, 동시에 산업 혁명 이후로 유럽 본토인들에게 시기와 질투의 대상이 되었던 아버지 같은 유대인들 중 하나였다. 어디에도 속하지 않은 소외당한 이방인이며 경계인으로 살아간 카프카는 우리에게 소외된 인생을 돌아보게 만드는 수많은 작품을 남기게 되었다.

1916년 독일어로 출간한 《변신》 초판 표제지. 《변신》(박종서 역, 2009년, 동서문화사)

아버지에게도 인정받지 못한 이방인, 카프카

국가, 민족, 인종, 언어 등 어느 측면에서도 정체성을 찾기 어려웠던 카프카는 아버지를 통해 가정에서까지도 철저히 소외된 이방인의 운명을 맞게 되었다. 그의 아버지는 아주 가난한 유대인이었으나 비즈니스로 성공한 사람이었다. 그는 자수성가형 사업가에게서 흔히 볼 수 있는 강한 멘탈의 소유자였으며, 독단적인 성격을 가지고 있었다. 당연히 사랑하는 아들도 강인한 성격으로 세상에 맞서고, 경제적으로도 풍요로운 삶을 살아가길 그는 간절히 바랐다. 그리고 그런 성격과 삶을 아들에게 강요했다. 문제는 아들 카프카가 아버지와는 정반대의 성격을 가졌다는 것이다. 그는 몸도 약했고, 예민하며 내성적인 데다가, 혼자 틀어박혀 글쓰기를 좋아하는 전형적인 문학가 스타일이었다. 그는 글을 쓰며 살아가도록 창조된 인간이었다. 그의 편지의 내용을 보자.

> 나에게 가장 좋은 삶의 방식은 필기도구와 램프를 가지고 확장한 지하실의 차폐된 가장 안쪽 공간에서 사는 것이오. 누군가 먹을 것을 가져다주고 내 공간에서 멀리 떨어져 제일 바깥 문 뒤에다가 가져다 놓아주고, 잠옷 바람으로 지하실 방을 모두 통과해 음식을 가지러 가는 것이 나의 유일한 산책이 되겠지.

1923년 촬영한 카프카의 마지막 모습.

당연히 아버지는 그런 아들이 너무나 마음에 들지 않았고, 강하게 키우려고 그를 압박했다. 그럴수록 그의 마음은 강해지는 게 아니라 위축되었다. 아버지는 그가 문학을 전공하는 것을 강력하게 반대했다. 그는 어쩔 수 없이 법학을 전공했다. 중간에 뮌헨으로 유학 가서 독일 문학을 공부하고 싶다는 의사를 전했지만 씨도 안 먹혔다. 카프카는 창조된 본성과 재능을 따라 살아갈 수 없었다. 그의 존재 자체가 아버지에게 부정된 것이었다. 정신세계를 소중히 여기는 내성적 성격의 카프카는 아버지와 세상이 원하는 삶과 자신에게 주어진 운명적인 삶을 병행할 수밖에 없었다. 그는 죽기 2년 전까지 일종의 국영 보험회사에서 법률 업무를 담당했으며, 퇴근하여 밤늦게까지 글쓰기에 전념했다. 그는 작가답게 아버지와의 기억을 담은 수많은 편지와 글들을 남겼다. 어릴 때 아버지가 그를 추운 발코니에 내보내 벌을 준 적이 있었는데, 아버지는 강인하게 키우려고 한 것이지만 감수성이 예민한 아들에게는 심각한 트라우마가 되었다. 그는 아버지에게 보내는 편지에 이렇게 적었다.

> 어느 날 거인의 모습을 한 아버지가 느닷없이 최후의 심판관이 되어 나타나서는 나를 침대에서 들어내 발코니로 끌고 나갈 수도 있다. 그만큼 나란 존재는 아버지한테 아무것도 아닌 존재라는 고통스러운 관념에 시달렸다.

그는 가정에서도 인정받을 수 없는 이방인이었다. 우리가 아는 카프카는 세계적인 작가지만, 아버지에게는 세상 물정을 모르는 약해빠진 철부지 아들이었다. 자신의 천재적인 재능과 글쓰기의 열정을 인정받을 수 없었던 소외된 이방인이었다. 그래서일까? 그는 죽은 후 발표되지 않은 작품들을 다 불태우라고 부탁했다. 물론 친구 막스 브로트에 의해 모든 작품이 빛을 보게 되었다. 사회에서도 이방인이었는데, 가족 안에서도 이방인이었다는 것에 참 가슴이 아프다. 그는

1915년 월간지에 실린 중편소설 《변신》의 원본 표지 일러스트.

세 번이나 약혼을 했지만 결국은 가정을 이루지 못하고 미혼으로 죽음을 맞았다. 원 가정에서의 상처로 인해 결혼해서 이룰 가정에서 책임을 다할 수 없을지 모른다는 불안감에 시달렸기 때문일까? 확고한 정체성과 자기 확신의 부족이 가정을 이루는 일에도 주저하게 한 것일까? 그는 그 모든 정신적 고뇌를 표현하기 위해 그토록 글쓰기에 매달렸던 것은 아닐까? 글쓰기마저도 그에게 확고한 정체성과 자기 확신을 주지 못했던 것일까? 그저 안타까운 마음뿐이다.

'벌레'라는 모티브는 어디서 왔을까?

가족 내에서도 불행한 유년기를 보냈으며, 어디서도 정체성을 찾기 어려웠던 카프카는 유럽에서 늘 이방인이었던 유대인의 핏줄에서 자신의 근원을 찾고 싶어 했다. 그가 택할 수 있는 많은 정체성의 근거 중에서 늘 박해 받았던 유대 민족이 가장 자신에게 끌렸기 때문일 것이라 추측할 수 있다. 그가 유대인에게 관심을 갖게 된 것은 유랑 연극단을 만나고 나서 본격화된다. 그는 동유럽 유대인들이 쓰던 이디쉬어를 잘 모르면서도 그 언어로 공연되는 연극을 빠짐없이 봤다고 한다. 특히 그는 연극단을 이끌던 유대인 이착 뢰비를 만나고 그에게 빠져들었다. 그를 통해 동유럽 유대인의 언어, 종교와 문화, 공동체에 대해 알게 된다. 그의 유대인으로서의 흔들리지 않는 정체성과 예술가로서의 자기 확신과 용기 같은 것들

벌레로 변신한 그레고르.

이 그를 매료시켰다. 그리고 그는 경제 활동을 포기하면서까지 자신의 꿈을 펼치는 그에게 많은 영향을 받게 된다. 하루는 이착 뢰비가 카프카의 집에 방문했을 때, 아버지가 그들에게 나타났다. 아들이 글쓰기와 예술에 빠지는 것을 극도로 경계했던 아버지는 그를 벌레 보듯 했다고 한다.

> 그를 알지 못하시면서도 아버지는 제가 지금은 기억할 수 없는 어떤 섬뜩한 말들로 그를 벌레와 비교하셨지요. 그리고 제가 아꼈던 사람들에 대해선 늘 그러셨듯이 아버지는 그때에도 역시 거의 자동적으로 개와 벼룩의 속담을 내셨지요. (아버지에게 쓴 편지 중)

카프카는 그때 바로 《변신》의 모티브를 발견했다고 한다. 아버지가 이착 뢰비를 벌레 보듯 했다면, 자신이 글쓰기를 하면서 직장을 그만두고 돈을 벌지 않는 순간 벌레로 보게 될 것이 뻔할 것이라는 강박에 시달렸을 것이다. 이런 그의 경험들로부터 유추해 본다면 벌레는 일차적으로 '가족들에게 경제적으로 큰 도움이 되지 못하는 사람' 혹은 '사회적으로 경제적 가치를 만들어내지 못하는 사람'이다. 돈으로 못할 것이 없는 세상이 되어가던 산업 혁명 이후의 유럽에서 많은 사람들이 벌레처럼 여겨졌을 것이고, 경제라는 가치로 모든 것을 평가하는 현대 사회에서 많은 사람들은 가족들과 이웃들에게 벌레 취급을 당하는 현실에서 살아가고 있다. 나아가 벌레는 다수 가운데 속하지 못한 소수, 남성 중심 사회에서의 여성, 사회 주류에 접근하기 어려운 장애인들, 경쟁에서 실패한 수많은 평범한 사람들을 대

벌레에 갇힌 그레고르.
출처: gymnasium-oesede.de

변할 수 있는 모티브인 것이다.

카프카적인, 너무나 카프카적인 천재 문학가

작가가 살아가면서 아버지와 타인들에게 느낀 감정이 강렬해서인지, 작가의 섬세한 내면이 그만큼 공포스러워서였는지, 카프카의 작품들은 다 무섭고 위협적이다. 암울하고 기분 나쁘다. 《변신》은 사람을 벌레처럼 보는 이야기가 아니다. 진짜 사람이 벌레가 된다. 어느 날 갑자기 주인공이 가장 흉측한 벌레가 되어 가족들에게 증오의 대상이 된다. 진짜 벌레처럼 큰 사과에 등이 찍히고 죽어 벌레처럼 치워진다. 이것이 바로 카프카 작품의 특징이다. 독일에서 가장 권위 있는 Duden(두덴)사전에는 '카프카적인'이라는 단어를 '설명할 수 없는 방식으로 공포감과 위협을 주는 무시무시함'이라고 설명한다. 그의 표현은 극단적이며 강렬하고 자극적이다.

그의 작품들에 나오는 인물들은 대부분 소외와 차별, 비극적인 운명을 맞는다. 작품을 처음 접하면 황당무계하다고 느낄 수 있는 내용이 대부분이다. 이야기가 도대체 앞뒤가 맞지 않는 것 같기도 하다. 카프카는 평소 문학은 우리의 두개골을 주먹질로 쳐서 깨우는 글이어야 하며, 책은 우리 내면의 얼어붙은 바다를 깨는 도끼여야 한다고 주장했다. 그는 겉으로 보기에 매우 내성적이고 자기 의

큰 갑충으로 변신한 그레고르 잠자.

견을 강하게 표현하지 못하는 성격이었지만, 그가 세상에서 느낀 감정의 크기는 도끼로 얻어맞은 것 같이 강렬했다고 확신할 수 있다. 자신의 경험 속에서 놀라운 문학적 모티브를 뽑아내는 것을 보면 그의 감수성이 얼마나 예민했는지, 그 반대급부로 그가 얼마나 큰 상처를 받고 살았을지 짐작이 가고 남는다.

카프카의 카프카적인 표현 방법은 의도적인 것이다. 카프카가 겪었던 소외와 차별은 밑도 끝도 없는 황당한 것이었기 때문이다. 그의 작품 속 주인공들은 거의 다 작가의 분신이다. 벌레로 변해 죽음에 이르는 아들 잠자 《변신》, 이유 없이 소송을 당하고 죽음에 이르는 남자 요제프 K 《소송》, 성에 용납되지 않는 주인공 K 《성》는 모두 카프카 자신이 투영된 인물이며 이름 자체도 K가 들어가거나 Kafka와 모음 배열이 똑같다. 작가는 누구에게도 인정받을 수 없는 자신, 자신을 받아들여주지 않는 세상을 정말 충격적이고 황당하게 그려냄으로써 우리에게 이 세상의 모습을 너무나 가슴 깊이 느끼게 하는 카프카적인 천재다.

인간은 하나님과의 관계를 회복하여
건강한 정체성과 자기 확신 속에 살아야 한다

주인공 그레고르는 어느 날 벌레가 되지만, 그래도 그는 계속 출근을 하려고 한다. 직장을 생각하면 암울하기 짝이 없지만 가족들이 진 빚을 생각하면 어쩔 수 없다. 결국 스스로 경제적 기여를 할 수 없다는 생각에 좌절하며, 가족들에게 도움이 되지 않는다는 생각에 생의 의지를 잃어버린다. 그는 벌레가 된 몸으로 바로 어제까지의 자신의 삶에 대해 이렇게 회고한다.

'제기랄! 어쩌다가 나는 이렇게 힘든 직업을 선택했을까?' 외무 사원인 그는 날마다 출장을 다녀야 했다. 그러다 보니 정신적인 스트레스가 이만저만 아니었다. 게다가 여행을 떠나게 되면 늘 열차 시간이나 사고 위험에 신경 써야 하는 것은 물론이고, 불규칙하고 질이 낮은 식사며 낯선 사람들과의 피상적인 만남으로 항상 긴장해야만 했다.

'정말 지긋지긋해! 빌어먹을 것, 될 대로 되라지.' … 그레고르는 조금 전의 자세로 다시 벌렁 나자빠지면서, 잠을 좀 더 자야겠다고 마음먹었다.

'매일 아침마다 이렇게 일찍 일어나야 된다는 건 진짜 고역이야. 사람은 무엇보다도 잠을 충분히 자야 되거든. 다른 외무 사원들은 마치 출입이 금지된 이슬람계 규방의 여자들처럼 편하게 살고 있지 않은가. 내가 주문받은 것을 기입해 두려고 오전 중에 여관으로 돌아가면, 그들은 그때야 일어나서 아침을 먹는 일이 많았거든. 아마도 내가 그들처럼 행동했다가는 사장한테 미움을 받아 당장 쫓겨나고 말 거야. 하지만 그렇게 하는 것이 나에게 도움이 되는지 누가 알겠어. 내가 지금껏 부모님을 위해 꾹 참아 왔지만, 만약 부모님이 계시지 않았다면 사장한테 사표를 내밀면서 그동안 가슴속에 쌓아 두었던 말을 모두 털어놓았을 거야…

그래도 희망이 완전히 없어진 것은 아니야. 내가 돈을 모아서 부모님의 빚을 전부 다 갚으려면 5~6년은 더 걸리겠지만, 그래도 나는 그 일을 기어코 해내고 말 거야. 그것은 내 인생에 있어서 하나의 큰 전환점이 될 테니까.(1장)

그레고르는 부모의 빚 때문에 어쩔 수 없이 직장인으로 살고 있다. 근무 조건에도 불평이 쏟아지고, 사표를 내고 싶은 마음이 굴뚝같다. 작가는 이런 그레고르의 내면을 벌레로 묘사하고 있다. 그는 자신이 벌레로 변한 것을 그리 이상하게 생각하지 않는다. 그냥 몸이 잘 안 움직이는 것뿐이다. 물론 이것도 나중에는 잘 움직이게 되지만 말이다. 다시 직장인으로 복귀한다고 생각하니 도저히 못하겠다는 생각이 든다. 그는 벌레의 삶에 점차 적응해간다. 심지어 편안함을 느낀다. 가족들의 경제적인 부분에 관심을 끊지는 못하지만, 결국 벌레에서 현실로 돌아오지 않는

그레고르가 변신한 벌레.
출처: QuotesGram.com

다. 혹은 돌아오지 못한다.

　외판원 그레고르와 벌레 사이에서 갈등하는 주인공은 나는 누구이며, 무엇을 하며 살아야 하는가에 대한 확신이 없다. 주인공은 분명한 정체성과 자기 확신이 없이 어쩔 수 없는 현실을 받아들이고 살아가는 현대인들의 모습이다. 뭔가 자신을 찾고 싶지만 그럴 수 없는 인생, 혹시 자신을 찾다가 벌레 취급을 당할까봐 두려워하며 자기 확신 없이 현실에 이끌리는 그런 인생을 살아가는 많은 사람들의 자화상이다. 현대인들은 풍요로움 속에서도 끊임없이 내면의 고뇌를 느낀다. 삶의 부조리 속에서 정신적인 고통을 느낀다. 자신감과 확신이 없이 위축되어 살아간다. 그러면서도 끝까지 사람들에게 벌레인 자신을 들키고 싶지 않다. 그리고 출근을 해서 자신의 삶을 유지하고자 한다. 그것은 현실에서 요구하는 정체성(경제적으로 가치 있는 존재)이 너무 강했기 때문이기도 하지만, 자신을 규정할 분명한 정체성의 근거가 없기 때문이기도 하다. 그 외의 다른 분명한 정체성을 자진 자아가 없기 때문이다.

벌레가 된 그레고르의 방에 음식을 제공하고 방을 청소하는 것을 처음에는 여동생 그레테가 자원했다.

　우리 인간은 영적인 존재다. 경제적인 부분이 해결되고, 무엇을 먹을까 마실까 입을까의 문제가 해결되고 나면, 더 크고 본질적인 문제에 봉착한다. 그것은 우리는 누구이며 무엇을 하며 살아야 하는가의 질문이다. 폴 고갱의 마지막 그림의 제목처럼 우리는 늘 스스로의 영혼에게 질문할 수밖에 없다. '우리는 어디서 왔으며, 우리는 누구(무엇)이며, 우리는 어디로 가는가'

이 문제에 답할 수 없는 사람은 정체성의 부재로 신음하며 고통을 당한다. 확고한 정체성이 없기 때문에 사탄의 왕국(세상)에서 주입하는 정체성을 따라 살아가며, 영혼과 육체의 부조화에 고통을 겪으며 살아간다.

> '이 세상이나 세상에 있는 것들을 사랑하지 말라 누구든지 세상을 사랑하며 아버지의 사랑이 그 안에 있지 아니하니 이는 세상에 있는 모든 것이 육신의 정욕과 안목의 정욕과 이생의 자랑이니 다 아버지께로부터 온 것이 아니요 세상으로부터 온 것이라 이 세상도 그 정욕도 지나가되 오직 하나님을 뜻을 행하는 자는 영원히 거하느니라'(요일 2:15~17)

다시 말하지만 우리는 영적 존재다. 창조주와 교제하며 그의 사랑 안에서 자신의 정체성을 찾을 때, 자기 확신 속에서 세상에 흔들리지 않는 단단한 내면을 형성하며 건강한 삶을 살아가게 된다. 이 세상의 정욕과 이생의 자랑을 추구하며 살아가는 인생은 그 영혼이 부조리를 느끼며 불안하고 허무한 느낌 속에 고통을 겪는다. 그 삶의 결과도 매우 비참하다. 탐욕 속에 타인과의 관계도 끊어지며, 자신의 정욕을 위해 살아도 절대로 만족을 누리지 못한다. 평생 불안함에서 벗어나지 못한다.

작가 카프카는 자신의 정체성으로 인해 고민했다. 어디에도 속할 수 없는 그는 자신의 정체성의 근원을 찾으려 힘썼다. 그가 주님을 만나고 복음으로 분명한 정체성을 가졌다면, 하나님 나라의 비전을 바라보며 지난 모든 상처가 치유 받았을 것이다. 그리고 자신의 천재적인 재능으로 자기 확신 가운데 행복한 인생을 살았을 것이다. 카프카의 불행한 환경, 이방인의 삶을 살아갈 수밖에 없는 조건보다 더 안타까운 것은 그가 영혼을 소유한 한 존재로서 근원이신 하나님 앞에 분명한 정체성을 찾을 수 없었다

독일 소설가 야코프 바서만. 그레고르 잠자의 이름은 야코프 바서만의 《젊은 레나테 푸흐의 이야기》에 등장하는 인물 그레고르 자마자에서 따왔다.

는 것이다. 만약 내 옆에 그런 영혼이 있다면, 복음 안에서 분명한 인생을 살아가도록 도와주고 싶다. 사실 카프카와 같은 이방인의 삶이 아니더라도, 우리 모두는 사실 정체성의 고민을 안고 살아가며 대부분이 답을 찾지 못한다. 그렇게 그레고르처럼 세상에서 어쩔 수 없이 해야 하는 일에 괴로워하면서, 동시에 주변 사람들이 인정해 주지 않는 삶이 될 때 스스로 자포자기하는 연약한 존재가 되어간다. 카프카는 아버지에게 인정받지 못했고 정체성도 찾기 힘든 이방인이었다. 하지만 모든 것을 상황 탓으로 돌릴 수는 없다. 많은 사람이 카프카에게 매력을 느끼지만, 카프카 같이 불행 속에 고뇌하며 끝까지 아버지를 용서하지 못하고 살지는 않는다. 그에게 영적인 확고한 정체성이 있었다면 그는 더욱 건강하게 자신의 재능을 발휘했을 것이다. 아버지와의 관계도 더 좋아졌을지 모른다. 적어도 누가 알아주지 않아도 그것에 좌우되지 않고 건강한 삶을 살았을 것이다. 또한 아버지에 대한 원망, 상처로 가득한 글만 남기진 않았을 것이다.

그리스도인은 십자가의 피로 구원 받은 하나님의 백성이라는 분명한 정체성이 있다. 그 정체성이 사라지면 주변의 환경으로 인해 늘 방황하고 흔들린다. 세상은 언제 어디서나 우리의 정체성을 흔들고, 소망 없는 인생의 구렁텅이로 우리를 몰아간다. 베드로는 박해와 고난 속에서 정체성이 흔들리는 그리스도인들을 시내산에서 하나님 앞에 섰던 이스라엘 백성들에게 부여된 말씀으로 굳건히 세운다.

'그러나 너희는 택하신 족속이요 왕 같은 제사장들이요 거룩한 나라요 그의 소유가 된 백성이니 이는 너희를 어두운 데서 불러 내어 그의 기이한 빛에 들어가게 하신 이의 아름다운 덕을 선포하게 하려 하심이라 너희가 전에는 백성이 아니더니 이제는 하나님의 백성이요 전에는 긍휼을 얻지 못하였더니 이제는 긍휼을 얻은 자니라'(벧전 2:9~10)

우리를 늘 이방인으로 내모는 사탄의 공격 속에서 이 말씀이 우리를 건강한 삶으로 인도한다. 항상 하나님과의 교제 속에서 나는 누구이며, 그래서 무엇을 하며 살아야 하는가에 대해 답을 구하라. 하나님의 자녀로서 누릴 특권을 기억하고, 정체성을 공격하는 세상에 당당히 맞서라. 준비되어 있는 승리를 취하라. 우리는 복음이 주는 분명한 정체성과 하나님께서 주신 사명이 주는 자기 확신 속에서 살아내야 한다. 모세처럼 바울처럼 흔들리지 않는 삶으로 하나님께 영광을 돌리고, 세상을 어떻게 살아가는지 보여주는 모델이 되어야 한다.

우리는 타인들을 벌레로 취급하지 말고 존중하며, 그들이 회복되도록 도와야 한다

그레고르는 가족들에게 경제적인 유익을 주기 위해 쉼 없이 수고했다. 그러나 어느 날 그는 더 이상 경제적 가치를 창출할 수 없는 존재가 되고 만다. 벌레는 경제적 가치를 만들어 낼 수 없는 가족 구성원, 혹은 사회 구성원을 표현한 은유라고 할 수 있다. 벌레가 된 그레고르가 가장 크게 달라진 것은 더 이상 가족들을 위해 돈을 벌어올 수 없게 되었다는 것이다. 나아가 음식을 축내고, 가족들에게 돌봄의 수고를 하게 하고, 공간을 차지해 집세가 많이 나오게 하고, 하숙인들에게 혐오감을 주어 경제적인 피해만을 남기는 존재가 되었다. 그는 여전히 인간성을 상실하지 않고 가족들을 걱정하며, 음악에 감동하지만 그것은 전혀 중요하지 않다. 아니 취급 대상이 아니다. 오직 경제적 가치가 그의 가치를 결정한다. 이 세상에는 너무나 지쳐서 쓰러져 벌레처럼 취급되는 존재들이 많다. 너무나 지쳐서 쓰러져 버린 존재가 벌레였다. 지배인에게 들리지 않는 벌레의 목소리로 다음과 같이 말한다.

> "지배인님도 아시다시피 일 년 삼백육십오 일을 밖으로만 돌아다니는 저희 외무 사원들은 여러 사람의 입에 오르내리기도 쉽고, 터무니없이 희생양이 되는 경우도 적지 않습니다. 하지만 외무 사원은 그런 사실을 전혀 알지 못하므로 이를 해명하거나 막아낼 방법이 없습니다. 다른 직원들한테 사전에 아무것도 들은 것이 없을 뿐 아니라, 지칠 대로 지쳐서 출장을 마치고 집에 돌아오면 원인조차 알 수 없는 불쾌한 증세로 고통을 당하기 때문입니다. 지배인님, 제발 돌아가시기 전에 제가 말씀드린 것 중에서 아주 작은 것이라도 좋으니 동의해 주십시오."(1장)

1916년 발행된 《변신》 원서 표지.

작가는 벌레의 내면과 그의 생각을 작품에서 많이 묘사한다. 사람들이 볼 때 그는 벌레였지만, 사실 그는 분명 인간이었다. 가족들에게 기여하고 싶은 따뜻한 인간이었다. 벌레가 된 그레고르는 끝까지 가족들을 걱정하며, 여동생을 음악학교에 보내고 싶다는 인간성을 잃지 않는다. 그는 벌레가 된 상황에서도 가족들에게 적은 재산이라도 남아 있음에 감사하고, 사업이 망한 후에 일을 하지 않고 쳐져 있던 아버지, 천식을 앓고 있는 어머니, 아무 일도 해본 적이 없는 여동생이 일하게 되었다는 사실에 많이 슬퍼했다. 그리고 가족들이 자신의 흉측한 모습을 보지 않도록 소파 아래 들어가 있었다.

사건이 일어난 첫날, 아버지는 어머니와 누이동생에게 집안의 재산 상태와 앞으로의 일에 대해 이미 상세하게 설명했다. 아버지는 때때로 의자에서 일어나 작은 금고 속에서 증서라든가 장부 따위를 꺼내 와 보여 주기도 했다. 그 금고는 5년 전에 사업에 실패하여 파산했을 때 간신히 건진 물건인데, 아버지가 그 복잡한 자물쇠를 열고서 물건을 꺼낸 다음 다시 잠그는 소리가 간간이 들려왔다.

아버지가 재산을 비롯한 집안 사정에 대해 설명하는 것은, 어떤 면에 있어서는 그레고르가 감금 생활을 시작한 이래 처음으로 듣는 기쁘고 반가운 이야기였다. 그레고르는 아버지의 사업이 파산 상태에 이르러서 아버지에게 돈이라곤 한 푼도 남아 있지 않으리라고 생각했었다….

그레고르와는 달리 그레테는 음악을 좋아했고, 사람의 마음을 움직일 수 있을 정도로 바이올린 연주를 잘했다. 그는 누이동생을 음악 학교에 보내 제대로 공부시키려는 계획을 은근히 마음속에 품고 있었다….

그레고르는 누이동생의 말을 귀담아 들으면서 그녀의 꿈을 이루어 주어야겠다고 결심했고, 크리스마스이브에 자기 계획을 식구들에게 알려야겠다고 작정하고 있었다….

이 모든 불행에도 불구하고 옛날부터 가지고 있던 재산이 아직 조금은 남아 있으며, 그동안에 손도 대지 않고 내버려 둔 덕분에 이자가 붙어 재산

《변신》의 주인공인 그레고르 잠자와 갑충 그림자.

이 약간 늘어나게 되었다는 사실을 아버지의 얘기를 통해 알 수 있었다.(2장)

벌레는 경제적인 책임 때문에 어쩔 수 없는 고된 삶을 살다가 병들거나 실직하여 경제적 기여를 하지 못하게 된 사람, 혹은 그렇게 경제적 책임을 감당하며 살기에 너무 약하고 다른 성향을 가진 사람, 그런 자신의 실존 방식 이외에 다른 어떠한 확고한 정체성과 자기 확신이 없어서 남들에게 자신을 제대로 항변할 수 없어 스스로를 무가치하게 느끼는 사람이다. 작품에서 주인공은 지금까지 얼마나 힘들게 버텼는지 이야기한다.

이런 사람들이 우리 주변에 얼마나 많은가! 그것에 대해 우리는 판단을 중지하고, 실존에 대해 따뜻한 시선을 가지고 그들이 건강한 정체성과 자기 확신을 갖도록 도와야 한다. 카프카와 같이 상처 받고 자기 확신 없이 고민하는 이들이 있다면, 그를 창조하신 하나님 안에서 그가 건강한 정체성으로 자신만의 고결한 인생을 살아가도록 격려하고 도와야 한다. 이것이 그리스도인의 책임이며, 초대교회를 아름답게 했던 위로의 아들 바나바의 삶이었다.

'구브로에서 난 레위족 사람이 있으니 이름은 요셉이라 사도들이 일컬어 바나바라(번역하면 위로의 아들이라) 하니 그가 밭이 있으매 팔아 그 값을 가지고 사도들의 발 앞에 두니라'(행 4:36~37)

그는 회심 후에 삶의 방향을 찾던 바울을 안디옥에 데려가서 그가 주님을 위해 자신의 재능을 사용하도록 도왔다. 결국 바울이 세계를 선교하게 된 것은 바나바의 역할이었다. 우리는 누군가에게 바나바가 되어야 한다. 자신의 가진 것으로 다른 사람의 회복을 돕는 사람이 되어야 한다.《변신》

은 우리에게 이것을 강하게 요청하고 있다. 우리는 언제나 그레고르 같은 사람을 만날 수 있고, 또 우리도 언젠가 그레고르처럼 벌레가 될 수도 있다. 주인공은 출근하지 않은 자신을 데리러 온 지배인의 목소리를 듣고 다음과 같이 생각한다. 따라서 우리가 그레고르(카프카와 같이 정체성의 혼란을 겪고 벌레와 같이 취급당하는 상처 속에 있는 현대인)를 돕는 것은 또한 우리 자신을 돕는 일이기도 하다.

> 그레고르는 언젠가 지배인에게도 오늘 자기에게 일어난 일과 똑같은 일이 일어날지도 모른다고 상상해 보았다. 그럴 가능성이 있을지도 모른다. 그런데 그의 이런 상상에 대해 대답이라도 하듯, 옆방에서 지배인이 발에 힘을 주고 이리저리 걸어 다니며 에나멜 구두 소리를 냈다.(1장)

너무나 쉽게 존재에 대한 사랑을 버리는 우리의 모습을 돌아보아야 한다

《변신》에서 충격적이면서도 고개가 끄덕여지고, 안타깝지만 우리의 모습이라고 인정하지 않을 수 없는 것은 바로 벌레로 변한 그레고르에 대한 가족들의 태도다. 그들은 처음에 벌레로 변한 그에 대해 놀라고 안타까워한다. 그러나 이내 그들의 태도는 무관심으로 변하며, 때로 분노와 오해가 쌓이고, 후에는 그가 죽어 없어지길 바란다. 작품 속에서 그들의 태도는 한 달이 채 되기 전에 변한다. 시간이 좀 지남에 따라 자신들의 풍요를 위해 수고하며 소망의 대상이었던 그의 음식에도 신경을 쓰지 않는다. 청소도 해주지 않는다. 그를 돌보는 일은 아침저녁으로 잠시 와서 일을 봐주는 할멈의 몫으로 변한다. 이미 필요가 없어진 존재에게는 가차 없는 분노가 표출된다. 바이올린 사건으로 하숙인들까지 나가겠다는 소동이 벌어진 이후 감정이 격해진 가족들은 문을 닫아 버리고 벌레는 가족과 완전한 단절을 경험한다. 그레고르는 사과가 등에 박힌 채 가족들에게서 피해주려고 움직였는데, 가족들은 그것마저 오해하고 혐오했다. 그가 겨우 방에 들어가자 밖에서 문을 잠근다. 그가 죽은 이후에 세 가족들은 미래에 대한 희망을 깊이 느낀다. 너무나 슬프고 애절하다. 하지만 냉정하게 반박할 수 없는 현실이다. 이것이 바로 경제적 가치와 사회적 효용으로 사람을 대하는 우리가 타인을 죽이는 방식이며, 우리가 언젠가 취급당하게 될 짓대다. 산상수훈의 경고가 기억나지 않을 수 없다.

'비판을 받지 아니하려거든 비판하지 말라 너희가 비판하는 그 비판으로 너희가 비판을 받을 것이요 너희가 헤아리는 그 헤아림으로 너희가 헤아림을 받을 것이니라'(마 7:1~2)

특히 여동생의 변화된 모습은 싸늘하다. 우리가 당한다고 생각해 보면 소름 끼치는 장면이다. 여동생은 오빠인 벌레가 보는 데서 다음과 같이 말한다.

"어머니. 아버지! 이젠 더 이상 못 견디겠어요. 저런 괴물을 계속해서 오빠라고 부르지 못하겠다고요. 저런 괴물은 빨리 없애 버려야 해요. 저런 것과 함께 먹고살기 위해 우리는 이미 할 수 있는 모든 것을 다 했잖아요. 이젠 저걸 없앤다 해도 아무도 우리를 비난하지 못할 거예요."
"그래, 네 말이 옳을지도 모르겠구나." 아버지는 혼자서 중얼거리듯이 말했다…
"우린 저걸 없애 버려야 해요." 그레테가 아버지를 쳐다보며 다짐하듯 말했다. 왜냐하면 어머니는 기침을 하느라고 아무 말도 듣지 못했기 때문이다.

"어쩌면 저것이 곧 아버지와 어머니의 목숨을 빼앗을지도 몰라요. 왠지 저는 그런 생각이 들어요. 우리는 모두 갖은 고생을 하면서 일해야 되는데, 이런 두통거리를 집 안에 두고 괴로움을 당할 수는 없잖아요. 저는 더 이상 참을 수가 없어요." …

"내쫓아야 해요. 그렇게 하는 수밖에 다른 방도가 없어요. 아버지! 저것이 오빠라는 생각을 진작 버려야만 했어요. 우리가 이제껏 너무나 오랫동안 그렇게 생각해 왔던 것이 우리 자신의 불행을 키우고 만 거예요. 어째서 저것이 오빠란 말이에요? 만일 정말 오빠라면, 사람이 저렇게 흉측한 벌레와 함께 살 수 없다는 것쯤은 벌써 알아차리고 자기 스스로 어딘가로 사라져 버렸을 거예요. 그러면 오빠는 없어질망정 우리는 안심하고 살아 나갈 수 있고, 언제까지나 오빠를 소중하게 회상할 수 있었을 거예요. 그런데 저것은 우리를 못살게 굴 뿐 아니라 하숙인들까지 쫓아냈잖아요. 아마 나중에는 이 집 전체를 차지하고 우리까지 거리에서 잠을 자게 할 거예요."(3장)

가족들은 그레고르가 죽어 없어지는 것이 더 유익하다는 정당성을 확보한다. 그의 죽음에 오히려 짐을 덜어버린 듯한 홀가분함을 느낀다. 이렇게 사람을 경제적 가치로 평가할 때, 우리는 동일한 헤아림으로 평가될 것이다. 교회 안에서까지도 우리는 사람들을 경제적 효용으로 평가하는 세상의 태도를 버리기가 어렵다. 우리는 이웃을 향한 레위기의 말씀을 기억해야 한다.

'너희가 너희의 땅에서 곡식을 거둘 때에 너는 밭 모퉁이까지 다 거두지 말고 네 떨어진 이삭도 줍지 말며 네 포도원의 열매를 다 따지 말며 네 포도원에 떨어진 열매도 줍지 말고 가난한 사람과 거류민을 위하여 버려두라 나는 너희의 하나님 여호와니라'(레 19:9~10)

하나님께서는 경제적 효용이 없는 존재에게 우리가 어떠한 사랑을 보이는 지로 우리를 평가하신다. '지극히 작은 자 하나에게 한 것이 곧 나에게 한 것이니라'는 말씀이 깊이 다가온다. 우리의 사랑은 쉽게 식는다. 우리의 인내는 쉽게 사라지고 타인에 대한 폭력과 무관심을 금새 정당화한다. '사랑은 언제나 오래 참고 온유한 것'임을 기억하며 성숙함으로 그레고르 같은 우리의 가족과 이웃들을 사랑하는 우리의 마음이 식지 않도록 마음에 성령의 불을 날마다 지펴야 할 것이다.

어느 날 벌레로 변해 있는 외판원 그레고르,
직장 상사도 가족도 알아버리다(1장)

소설의 시작은 그레고르 잠자(Gregor Samsa)라는 외판원이 벌레로 변해
버린 상태를 묘사하며 시작한다.

> 어느 날 아침 그레고르가 마음에 걸리는 꿈에서 깨어났을 때 자신의 침
> 대 속에서 한 마리의 커다란 벌레로 변한 것을 깨달았다.

그는 어찌된 일인가 생각하며 주변을 둘러보았다. 분명 꿈은 아니었고,
그는 자신의 방에 있었다. 좀 더 잠을 자려 했지만 벌레의 몸으로 편한 자
세를 취할 수 없었다. 벌레의 몸을 하고 그는 자신의 고된 직장 생활에 대
해 생각했다. 가족들이 진 빚도 있고 해서 꾹 참아왔지만 사표를 내고 싶
은 마음이 가득했다. 그래도 그는 앞으로 5~6년 쯤 빚을 갚아야 할 것을
생각하며 출근을 하려고 시계를 본다. 벌써 6시 반이었다. 이미 나가야 하
는 시간이 많이 지났다. 지난 5년간 아프지 않고 출근했었는데, 벌써 비난
받을 것이 걱정이 되었다. 그러던 중 어머니가 문을 두드리며 말을 거셨

고, 대답하려는데 이상한 벌레소리가 섞여 나오는 것을 느꼈다. 곧 아버지도 그를 불렀고, 여동생도 오빠를 불렀다. 문이 잠겨 있어서 가족들은 아직 그를 볼 수 없었다. 그는 침대에서 나오려고 했는데, 다리들이며 몸을 잘 움직일 수가 없었다. 그러면서 시간이 지체되고 있었고, 7시 15분 결국 현관 벨이 울렸다.

그는 직장의 지배인이 왔다는 것을 알게 되었다. 그는 급히 침대에서 내려오다가 떨어져 머리를 부딪쳤다. 문을 열 수도 없고 지배인은 들어오려고 하고, 부모님과 여동생은 난처한 핑계를 대며 아주 불편한 시간이 흘러가고 있었다. 지배인은 빨리 출근을 하라고 압박했고, 그는 곧 가겠다고 하며 출근준비를 하려 안간힘을 썼다. 그러나 문 밖에서는 그의 변해버린 목소리를 들을 수 없었다. 가족들은 의사와 자물쇠 장수를 불렀다. 그는 급한 마음으로 스스로 문을 입으로 물고 겨우 문을 열었다. 문이 열렸고 지배인은 그의

프라하 구시가지 광장의 골츠-킨스키 궁전. 카프카가 다닌 김나지움과 아버지의 가게가 있던 곳.

모습을 보고 뒤로 물러섰고, 어머니는 쓰러졌다. 아버지는 울먹이기 시작했다. 그는 지배인에게 자신이 그동안 열심히 일해 왔다고 사정하며 곧 출근하겠다고 몸을 움직였다. 지배인은 놀라 도망쳤다. 아버지는 슛슛 소리를 내며 지팡이로 나를 몰아 방으로 들어가게 하고 문을 닫았다.

벌레의 삶에 익숙해지는 그와 지쳐가는 가족들, 그리고 아버지의 공격(2장)

저녁 무렵에 그는 실신상태와 같은 잠에서 깨어났다. 그는 문 쪽으로

다가가 동생이 둔 우유와 빵을 보고 반가워 먹기 시작했는데 전혀 맛이 없었다. 그는 문틈으로 가족들을 보고, 자신의 노력으로 넓고 편안한 집을 선사했다는 것이 자랑스러웠다. 하지만 이 안정되고 풍요로운 생활이 끝나면 어쩌나 불길한 생각이 들었다. 아침마다 그를 깨우러 방으로 들어오려던 가족들은 더 이상 방으로 들어오려 하지 않았으며, 밖에서 자물쇠가 채워져 있었다. 그는 5년간 지낸 방이 싫어졌고, 소파 밑으로 들어가니 기분이 풀렸다. 다음날 새벽 여동생이 들어왔다가 소파 밑에 있는 오빠를 발견하고 질겁하며 문을 닫아 버렸다. 그러다가 다시 들어와 음식이 남겨져 있는 것을 보고 가지고 나갔다. 그리고 다시 들어와 오빠가 좋아하는 음식이 무엇일지 시험하려고 썩어가는 야채, 건포도, 치즈 빵 등을 신문에 두고 나갔다. 신선한 음식보다 오래된 음식이 맛있게 느껴졌다. 얼마 후 동생은 남은 음식을 치워줬다. 여동생만 오빠의 식사를 챙겼다.

그는 가족들이 밖에서 대화를 하면 문틈에 기대고 들었다. 그들은 늘 자신을 어떻게 처리하면 좋을까 상의를 하고 있었다. 무엇보다 자신이 일을 하지 못하게 된 상태에서 집안의 경제상황이 걱정되었다. 하녀는 그가 벌레로 변한 날 바로 그만두었다. 그래도 그가 거의 돈을 쓰지 않고 열심히 일해서 가족들에게 주었기 때문에 가정은 풍요로움을 누렸고, 아직은 약간의 여유가 있는 상태였다. 그레고르는 안도감을 느꼈다. 그는 곧 여동생을 음악학교에 보내려는 계획도 가지고 있었다. 그러나 이제 가족들이 일을 하지 않으면 남은 돈으로는 오래 버틸 수 없는 상황이었다. 사업을 실패하고 5년 동안 집에서 쉰 아버지, 늙고 천식이 있는 어머니, 집안일이나 돕던 17세의 여동생이 돈을 벌 수 있을까? 그는 서글펐다. 다시 직장에 나갈 생각도 했지만 불가능한 일이었다. 밤새 가족들 생각에 잠을 이루지 못할 때도 있었다. 여동생은 음식을 주고, 늘 방을 치워주고 창문도 열어주었다.

이제 그가 벌레로 변한지 한 달이 되었다. 어느 날 여동생이 방에 들어왔다가 마주치게 되었는데, 그녀가 자신을 힘들어한다는 것을 느꼈다. 부모님도 처음에는 오빠를 돌봐주는 딸을 기특하게 여겼고, 어떻게 지내는지 관심을 가졌지만 점점 무관심해졌다. 아버지는 어머니가 아들을 보러 들어가려는 것도 만류했다. 그는 벽을 기어 다니기도 하고 천장에 매달리기도 하면서 적응해갔다. 가족들은 방의 가구를 치웠다. 어머니는 가구를 치우다가 갑자기 나타난 아들을 보고 정신을 잃었다. 은행 수위들의 제복과 비슷한 옷을 입고 전과 다르게 원기왕성해진 아버지는 그가 난폭한 짓을 했다고 오해하고, 그를 쫓아와 사과를 집어 던졌다. 그는 자기가 벌레로 변한 이후 아버지가 자기에 대해 아주 엄격하게 대하는 것을 느끼고 있었고, 사과를 던지는 아버지를 피해서 계속 도망 다녔다. 하지만 아버지가 던진 사과 중 하나가 그의 등에 박히고 말았다. 그는 고통스럽게 뻗어버렸고, 어머니는 아버지에게 매달려 아들을 살려달라고 애원했다.

하숙인 사건 이후로 벌레는 죽고, 그의 죽음은 가족들의 희망이 되다(3장)

그레고르는 사과가 등에 박힌 채 한 달 이상 고생했다. 가족들은 아무리 징그러운 모습으로 변했더라도 그를 이렇게 원수처럼 대하는 것은 잘못된 것이라고 반성하는 것 같았다. 그래서 밤마다 거실로 통하는 문을 열어주게 되었고, 그레고르는 가족들의 대화를 들을 수 있게 되었다. 아버지는 직장을 다니고 있었고, 어머니는 삯바느질을 했으며, 여동생도 취업을 했다. 아버지는 퇴근 후에도 제복을 입고 의자에 앉아서 졸면서 가끔 인생을 한탄했다. 어머니와 여동생의 권유로 마지못해 침대로 가곤 했다.

집안 살림은 궁색해져 하녀들은 다 나갔고, 일하느라 피곤한 가족들은 그를 돌봐줄 여유가 없었다. 늙은 할멈이 아침저녁으로 집안일을 돌봐주었다. 어머니와 여동생은 아끼던 장식품도 팔게 되었고, 집을 팔고 좁은 집으로 이사할 계획도 세우게 되었다. 물론 그레고르가 걸려서 이사를 결단하기로 어려운 상황이었다. 그는 가족들의 비참한 삶이 마음에 걸려 다시 외판원 생활을 해야 하는가 생각하기도 했다. 그러나 때로 가족에 대해 걱정할 기분이 들지 않고, 자기를 학대하는 데 화가 나기도 했다. 여동생도 점점 음식에 신경을 쓰지 않았으며, 방청소도 소홀히 하게 되었다. 어느 날 어머니가 그의 방을 깨끗하게 청소하자 그것으로 가족들 간에 싸움이 일어났다. 이제 늙은 할멈만이 간혹 방에 들어와 말을 걸고 그를 벌레라고 부르며 놀렸다. 그는 거의 아무 것도 먹지 않게 되었다.

적은 수입이라도 보탤 요량으로 가족들은 세 사람의 하숙인들을 들이게 되었다. 이제 그레고르의 방은 잡다한 짐으로 가득하게 되었다. 하숙인들이 거실에 있는 동안에는 방문이 굳게 닫혔다. 하루는 실수로 문을 열어 놓은 채 하숙인들이 거실로 들어와 불을 켜고 음식을 먹게 되었다. 그날 저녁에 하숙인들이 밥을 다 먹고 신문을 보며 담배를 피우고 있을 때, 여동생이 바이올린을 연주하는 소리를 들은 하숙인들의 요구로 거실로 나와 연주를 하게 되었다. 그레고르는 바이올린 연주에 이끌려 자기도 모르는 사이에 온 몸이 먼지투성이인 채로, 실오라기와 머리털, 음식 찌꺼기 같은 것을 등허리와 옆구리에 질질 끌고 거실로 나오고 말았다. 그는 음악 소리에 감동하여 여동생에게 자신이 음악학교에 보내주려고 했던 이야기를 해주고 싶었다. 그러나 그 순간 하숙인들이 벌레를 보게 되었고, 하숙 계약을 해지하고 손해배상청구도 고려하겠다는 선언을 하고 말았다. 그레고르는 기력이

체코 프라하에 있는 카프카의 무덤.

없어 움직일 수 없었다.

　그 자리에서 여동생이 제일 먼저 더 이상 못 견디겠다고, 오빠(벌레)를 없애야 한다고 강하게 주장했다. 아버지도 동생에게 동조하고, 어머니는 정신 나간 사람처럼 기침하기 시작했다. 여동생과 아버지는 힘든 가족들을 생각해 주지 않는다고 그레고르를 비난했다. 여동생은 벌레를 내 보내야 한다고, 벌레 때문에 부모님이 죽게 될 거라고 오빠를 비난했다. 그 때 그는 방으로 피해주고 싶어 몸을 움직였는데, 가족들은 그 모습을 보고 자신들을 해하려고 한다고 오해했다. 그는 겨우 방으로 들어갈 수 있었다. 바로 문이 닫혔고, 여동생은 자물쇠를 채워버렸다. 그는 더 이상 움직일 수 없었다. 그는 이제 통증도 잘 느껴지지 않았다. 가족들을 향한 그의 애정은 자기가 없어져야 한다는 생각을 더 절실하게 만들었다. 새벽녘 그는 마지막 숨을 쉬고 죽었다.

　아침에 할멈이 들어와 벌레를 빗자루로 건드려보고 죽은 것을 알게 되었다. 아버지는 감사했다. 아버지는 제복을 입고 나와서 하숙인들에게 집에서 당장 나가달라고 말했다. 그들은 짐을 챙겨서 나갔다. 남은 세 가족은 결근계를 쓰고 하루 쉬기로 했다. 할멈은 가족들에게 벌레를 치웠다고 말했다. 더 자세히 말하려고 했는데 가족들은 더 듣기를 거절했다. 아버지는 저녁에 할멈도 내보내라고 말했다. 세 사람은 전차를 타고 교외로 나갔다. 그들은 편안하게 앉아서 미래에 대해 이야기했다. 세 사람의 직장은 유망했고, 집세가 싸지만 위치가 좋은 주택으로 이사를 가면 집안 살림도 나아질 것 같았다. 부부는 점점 활기를 띠며 처녀가 되어 가는 딸에게 훌륭한 신랑감을 얻어 줄 때가 왔다고 생각했다. 딸의 싱싱한 육체는 부부의 눈에 새로운 꿈에 대한 확증처럼 보였다.

서머싯 몸 《인간의 굴레》

(번역본 : 조용만 역, 동서문화사)

의대를 나와 문학의 길로 뛰어든 작가 서머싯 몸

서머싯 몸(William Somerset Maugham, 1874~1965)은 영국 외교관의 아들로 프랑스 파리에서 태어났다. 어린 시절 아버지가 세상을 떠나고, 사제였던 삼촌 집에서 성장한다. 공인회계사 공부를 하다가 런던 킹스 칼리지에서 의학을 공부했다. 그는 의대를 다니며 이미 소설을 써서 어느 정도 성공을 거두기도 했다. 급기야 23세에 의사 면허증을 받은 후 아예 작가로 전향했다. 그는 첫 작품으로 자신의 어린 시절을 다룬 자전적 소설《스티븐 캐리의 예술적 기질》을 완성했다. 하지만 출판사에게 거절당하고 원고는 구석에 처박힌 채 오랜 시간이 지난다. 후에 작가는 극작가로서 성공한 후에 다시 소설을 쓰기 위해 훈련을 거듭하여 예전에 거절당했던 원고를 2년 동안 다시 썼다. 그래서 출간한 작품이 바로《인간의 굴레》이다. 작가로서의 서머싯 몸은 이후 세계에서 제일 수입이 많은 작가가 된다. 그는 이 작품이 자서전은 아니지만 자서전적인 소설이라고 했다. 작품의 주인공 필립은 어릴 때 부모님을 여의고 큰아버지 댁에서 성장한다. 그는 공인회계사가 되려고 런던에 가기도 했고, 독일 하이델베르크에서 살기도

하고, 결국 런던에서 의대를 다니고 의사가 되는데, 필립의 기본적인 인생 여정은 작가의 삶을 그대로 옮겨온 것이다. 작가는 작품의 서론에서 모든 사건들이 자신의 것은 아니지만, 감정은 온전히 자신의 것이었다고 고백하고 있다.

> 《인간의 굴레》는 자서전이 아니라 자서전적인 소설이다. 사실과 허구가 완전히 하나가 되어 있다. 감정은 나 자신의 것이지만 사건은 완전히 일어났던 대로 이야기되어 있지는 않으며, 어떤 것은 나 자신의 생활에서가 아니라 친한 사람들 생활에서 주인공에게로 바꿔 놓은 것이다.

자신만의 굴레를 벗어나 인생의 길을 탐색하는
너무나 공감되는 모험의 여정

주인공 필립은 발에 장애를 가지고 태어나며, 9살에 고아가 되어 성공회 사제인 큰아버지 댁에서 성장한다. 당연히 신앙적인 배경에서 성장했고, 공부도 잘했기 때문에 사제가 되리라는 기대를 받았다. 그러나 어머니에 대한 그리움과 장애에 대한 상처의 굴레에서 벗어나지 못한다. 그는 학교에서 장애를 놀림거리로 삼는 아이들 때문에 많은 상처를 받고, 혼자 책을 읽는 습관을 가지게 된다. 그는 공부 또한 열심히 하며 심리적 보상을 받는다. 그에게 학업이란 장애로 인한 상처를 심리적으로 극복하기 위해 우월감을 얻는 방편이었다. 그의 학업도 역시 굴레 안에서 벌

1934년 윌리엄 서머싯 몸의 초상.

111

어지는 발버둥이었다. 그는 학교에서 신앙의 열정을 갖게 되었는데, 열심히 성경을 읽으며 발을 고쳐달라고 기도한다. 그러나 그의 신앙도 자신만의 굴레를 벗어나지 못했고, 발을 고쳐주지 않는 하나님에게 실망하여 신앙을 버리고 성직자의 길에서 벗어난다. 그의 학업도 신앙도 결국 그에게 주어진 인생의 굴레 안에서 왜곡된다. 학업과 신앙은 그를 성숙한 인간으로 성장시키는 과정이 될 수 없었다. 모두 굴레를 벗어나기 위한 수단에 불과했던 것이다.

그는 모두의 반대에도 불구하고 학교를 그만두고, 자신이 하고 싶은 대로 독일에 가서 공부도 하고, 런던에 가서 회계사가 되려고 수습 과정으로 일도 배우고, 프랑스로 가서 화가 지망생으로 그림도 배우고, 런던으로 가서 의학을 공부하기도 한다. 그러나 어디에서도 자신의 재능을 발견하지 못한다. 이 모든 과정은 자신의 열등감과 애정결핍을 해소하기 위한 방황이었다. 그는 아버지에게 받은 유산과 큰 아버지 부부에게서 받은 돈을 낭비하는 방황을 계속한다. 특히 의대를 다니면서 만난 천박한 여성 밀드레드에게 자신도 이해할 수 없는 가학적 사랑에 빠져 돈과 감정과 시간을 탕진했고, 재정적 궁핍에서 벗어나기 위해 주식에 빠져 남은 돈마저

1915년 발행된 인간의 굴레
초판 양장본.

잃어버리고 말았다. 그에게는 사랑도 투자도 모두 자신의 내면에 있는 상처의 굴레 안에서 이루어진다. 결국 모든 진로와 사랑과 투자를 위한 모든 노력도 종국엔 아무 소용이 없음을 깨닫는다. 물론 그는 이 모든 과정에서 인생이 무엇인지에 대해 고민하고 답을 찾아간다. 특히 미술을 하면서 만난 크론쇼라는 사람과의 대화를 통해 굴레를 벗어나 자신만의 인생길을 찾아가는 실마리를 발견한다. 그는 의

사가 되는 과정에서 환자에게 봉사하는 일에 기쁨을 느끼고, 환자로 만난 애들리라는 사람의 가정에서 가족의 가치와 행복을 느끼며 서서히 자신만의 인생을 찾아가게 된다. 그렇다고 해서 그의 모든 방황과 이해할 수 없는 행위들이 정당화되기는 어렵다.

《인간의 굴레》는 상처와 질병(장애), 고난을 겪으며 자신만의 굴레에서 벗어나지 못하는 인간이 정신적 발전을 거쳐 자신만의 인생관을 확립하는 과정을 보여주는 위대한 작품이다. 작가는 이 모든 방황의 과정 속에서 인간이 자신에게 주어진 굴레를 받아들인다면, 자유함 속에서 자신만의 인생의 무늬를 만들며 살게 될 것이라고 결론을 내린다. 그러나 한 걸음 더 나아가 우리는 이런 생각을 해 볼 수 있다. 우리는 모두 자신만의 굴레를 가지고 살아간다. 그 굴레에서 벗어나 진정으로 자유한 인격으로 성숙하지 못하면, 우리의 모든 열심과 노력은 물거품이 될 수도 있다. 우리는 작가가 제시하는 답변을 넘어 복음 안에서 우리에게 주어진 인생의 굴레들, 즉 상처, 장애, 가난, 불행한 가족사, 육체적이고 정신적인 질병, 관계의 문제들을 어떻게 극복하고, 하나님의 나라를 경험하고 그 나라를 위해 살아갈 것인가를 고민하는 차원으로 나가야 할 것이다.

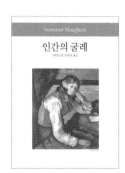

《인간의 굴레》(조용만 역, 2011년, 동서문화사)

자신의 책을 팔기 위한 기발한 홍보를 한
작가의 비즈니스 감각

그는 젊었을 때 무명의 작가였다. 당연히 그의 책을 아는 사람도 매우

1934년 개봉한 영화 <인간의 굴레>에서
베티 데이비스(밀드레드 역)와 레슬리 하
워드의 스틸 컷.

적었고, 판매 부수는 보잘것없었다. 하지
만 그는 그저 작가의 운명을 받아들이고,
가난한 예술가의 길을 걷는 것에 만족하
지 않는다. 자신의 책을 팔기 위해 기괴
한 발상을 한 결과 한 신문에 큰 부자인
행세를 하면서 이런 광고를 낸다. '결혼
하려고 하는데 그 뭐냐, 서머싯 몸이라는
작가가 쓴 소설에 나오는 여성 같은 인물

을 아내로 맞이하고 싶다'. 이 광고는 서머싯 몸의 소설에 나오는 여성은
도대체 어떤 여성인가 궁금증을 유발시켰고, 이런 부자들은 어떤 조건의
여자를 원하는가를 알고 싶은 많은 이들이 서머싯 몸이라는 작가를 찾고
책을 사게 되었다.

그러나 많은 예술가들이 그렇듯 그의 삶은 눈살을 찌푸리게 하는 일들
로 가득했다. 그는 한 사업가의 아내와 불륜을 저질렀다가, 훗날에 그녀와
결혼하기도 했다. 당연한 결과인지 몰라도 그 결혼생활은 불행했고, 몇 년
후 가정은 깨어지게 되었다. 그는 젊었을 때 여성 편력으로 심각했고, 나
이가 들어서는 양성애자로 살았던 것으로 알려져 있다. 그래서 노년에는
남성 편력으로 유명했다고 한다. 언제나 그렇지만 작품은 작품일 뿐이고,
작가에게 배울 점은 작품 안에만 있는 것 같다.

삶을 파괴하는 자신만의 굴레를
벗어나는 길은 복음 밖에 없다

　작품의 주인공 필립은 다리에 장애를 가지고 태어났다. 그가 아홉 살 때 어머니는 동생을 사산하는 과정에서 죽게 된다. 그녀는 죽음을 향해 가면서 침대에서 아들 필립을 안고, 장애가 있는 그의 왼발을 만지며 아파한다. 장애를 가진 아이를 두고 아빠에 이어 엄마 자신까지 세상을 떠날 때 아들의 삶에 주어질 시련들을 생각하며 얼마나 마음이 아팠겠는가? 필립은 고아가 되어 목사였던 백부의 집에 맡겨진다. 그는 백부의 가정에서 신앙적 분위기를 체험하며 성장한다. 큰 아버지 부부는 책을 좋아하는 필립이 신앙 안에서 잘 자라 훌륭한 성직자가 되는 것을 바랐다. 학교에 가기 전까지는 그의 장애도 전혀 문제가 되지 않았다. 그러나 학교에 가게 되면서 그는 고

1937년 존 슬론의 에칭 일러스트판
《인간의 굴레》에 삽입된 필립의 모습.

아라고 놀림을 받았고, 장애로 아이들의 조롱거리가 되었다. 그리고 어머니의 애정에 대한 채울 수 없는 결핍도 강하게 느껴지기 시작했다. 축구도 크리켓도 할 수 없었던 필립은 예민해졌으며, 다리에 대한 수치심으로 말수도 적어지고 소심한 아이가 되어 갔다.

그렇게 말하면서 그 소년은 느닷없이 필립의 정강이를 힘껏 걷어찼다. 전혀 예기치 않았기 때문에 미처 막아낼 틈도 없었다. 아픔이 너무 심해 숨이 막힐 것 같았다. 그러나 아픔보다 더한 것은 놀라움이었다. 그는 베닝이 왜 그렇게 찼는지 도무지 알 수가 없었다. … 필립이 아픈 정강이를 어루만지고 있을 때 저쪽에서 또 한 소년이 나타났다. 그러자 필립을 괴롭히던 베닝은 자리를 떠나 그쪽으로 갔다. 한동안 그들 두 소년은 필립에 대한 이야기를 하는 모양이었다. 필립은 그들이 자기 다리만 보는 것 같았다. 얼굴이 달아오르고 불쾌하기 짝이 없었다. 얼마 안 있어 다른 아이들도 왔다. … 신입생도 몇 사람 왔다. 어느 사이엔가 필립은 이 신입생들과 이야기하고 있었다. 그러나 도무지 주눅이 들고 수치스럽기만 했다. 어떻게 좀 재미있는 이야기를 해보고도 싶었으나 무슨 말을 할지 영 생각이 나지 않았다. …

돼지잡기 놀이를 시작할 참이었다. 상급생들이 담에서 담으로 달리면 그것을 신입생들이 붙잡았다. 만약 붙잡히면, 하나, 둘, 셋, 자아, 나는 돼지다라는 기묘한 말을 외고, 붙잡힌 아이도 술래가 되어 공격과 수비의 순서를 바꿔 아직 잡히지 않은 사람을 잡는 일을 돕게 된다. 필립은 순간 한 소

1937년 존 슬론의 에칭 일러스트판 삽화 중 필립의 무릎을 끌어안고 간청하는 노라.

년이 자기 옆을 달려가는 것을 보고 잡아보려고 애를 썼으나 다리병신의 손끝에 잡힐 리가 없었다. 이것을 기화로 아이들은 필립이 맡은 구역으로 우르르 몰려들었다. 바로 그때였다. 한 소년이 기발한 생각이라도 한 듯 필립의 흉한 걸음걸이를 흉내 내기 시작했다. 소년들은 와아, 하고 웃음을 터뜨렸다. 그리고 이번에는 모두 일제히 그 소년의 흉내를 내면서 필립의 주위를 깔깔대고 까불면서 흉물스럽게 절름절름 뒤따랐다. 이 새로운 못된 장난에 그들은 좋아서 어쩔 줄 모르며 숨이 막힐 정도로 흥겨워하였다. 그때 그 중의 하나가 필립의 다리를 걸어 쓰러뜨렸다. 그는 언제나 그렇듯이 엉덩방아를 찧으며 나자빠져서 무릎을 다쳤다. 그가 일어나자 그들은 더한층 소리 높이 웃어댔다. 누군가가 뒤에서 밀었다. 만약 다른 하나가 잡아 주지 않았더라면 그는 영락없이 쓰러졌을 것이다. 필립의 병신 다리를 놀리느라고 놀이고 뭐고 완전히 잊어버린 꼴이 됐다. 다시 한 아이가 이상스럽게 몸을 뒤흔들면서 절름발이 흉내를 냈는데, 그 모양이 어떻게나 우스웠던지 끝내 몇 소년은 땅 위에 뒹굴면서 숨넘어가는 소리로 웃어댔다. 필립은 완전히 기가 질렸다. 왜 모두들 자기를 놀리는지 알 수 없었다. 심장은 고동이 멎을 정도로 뛰었다. 이토록 놀라 보기는 평생 처음이었다. 흉내를 내고 웃어대며 모두가 주위를 뛰어다니는 동안 그는 바보처럼 서 있었다. 어서 잡아보라고 저마다 소리를 질러도 그는 움직이지 않았다. 이 이상 더 달리는 모양을 보이기가 싫었다. 그는 울지 않으려고 죽을힘을 다해서 참았다. (10장)

그 경험들은 그의 마음을 굴절시켰다. 친구들을 멀리하며 책을 통해 지식에 탐닉하며 은근히 다른 친구들을 무시하며 우월감을 갖기도 했다. 장애에 대한 심리적 보상이었다. 또 반대급부로 자신보다 건강한 몸을 가진 이들의 관심을 갈망하며 그들과 친구가 되고 싶어 했다. 하지만 관계에 있어 독점적인 소유욕을 가지고 있어, 자신이 좋아하는 친구가 다른 사람들과 친한 것을 질투하게 되었으며 결국 원만한 관계를 이룰 수 없었다. 필립은 이 굴레에서 나오기는커녕 장애와 애정결핍이라는 굴레 안으로 자신이 더 깊이 빨려 들어갔다. 그래도 상급학교에 들어간 필립은 매우 공부를 잘했다. 장애를 가진 그에게 퍼킨스 교장 선생님도 큰 관심을 보였고, 자신의 불행의 굴레에 너무 신경을 쓰지 말고 감사함으로 장애를 받아들이면 행복의 원천이 될 것이라고 상담해 주었다. 필립은 교장 선생님에게 감동되었고, 자신이 성직자가 될 것을 굳게 결심했다.

"직업 선택이라는 문제에 있어선 뭐니 뭐니 해도 너는 제한이 되어 있어. 첫째 신체적인 활동을 요구하는 직업은 택할 수 없을 테니까." 자기의 불구에 대한 말이 나올 때마다 언제나 그렇듯이 필립은 머리끝까지 빨개졌다. 퍼킨스 씨는 엄숙한 표정으로 그를 바라보았다. "너는 너의 불행에 대해서 너무 신경을 쓰는 것 같구나. 그것 때문에 오히려 하느님께 감사한다

찻집에서 웨이트리스 밀드레드와 사랑에 빠진 필립.

는 생각은 없었니?" 필립은 번쩍 눈을 들었다. 그리고 입술을 꼭 깨물었다. 전에 자신이 남의 말을 곧이듣고 하느님께서 그 옛날 문둥이와 맹인을 고쳐주신 것처럼 자기 다리도 고쳐 주시리라고 몇 달이나 애써 기도한 일을 생각해 내었기 때문이다. "불행을 반항적으로 받아들인다면 그것은 너에게 부끄러움이 될 수밖에 없지만, 그러나 만일 네가 그것을 하느님의 은총의 표시로 받아들이고, 그것을 충분히 짊어지고 나갈 수 있겠기에 네게 주신 십자가로 생각한다면 그것은 비참한

불행이기보다는 오히려 큰 행복의 원천이 될 것이다." 자신의 불행에 대해 이야기하는 것을 필럽이 싫어한다는 것을 알고 그날은 그대로 돌려보냈다.

필럽은 교장 선생님의 말을 몇 번이나 되생각해 보았다. 그리고 이윽고 다가올 견신례에 온 정신이 쏠리게 되자, 그 어떤 신비적 법열에 사로잡혔다. 그의 정신은 육체의 멍에에서 해방되어 무엇인가 새로운 삶을 사는 것같이 생각되었다. 그는 온갖 정열을 기울여 완전해지기를 열망했다. 모든 것을 내던져 하느님께 봉사하고 싶었다. 그는 성직자가 될 것을 굳게 결심하였다. 마침내 그날이 되자 그의 마음은 그때까지의 모든 준비, 가령 공부한 서적, 아니 그보다도 특히 압도하는 듯한 교장의 감화력에 감동되어 기쁨과 불안으로 거의 가만히 있을 수가 없었다. 다만 하나, 마음을 괴롭히는 것이 있었다. 그것은 성단 앞을 다만 홀로 걸어가야 할 일이었다. 식에 참례한 전교 학생들뿐만 아니라 일반 시민들과 자녀의 견신례를 보러 온 어버이들에게까지 자기의 병신다리를 여지없이 보여 주어야 할 일이 불안하였다. 그러나 막상 그 시간이 되었을 때 그는 그 굴욕도 즐거이 받아들이겠다는 결심이 솟아올랐다. 그리하여 그 높다란 교회의 둥근 천장 아래를 조그맣고 초라하게, 마치 겨자씨처럼 상단을 향해 걸어가면서 그는 뚜렷이 의식적으로 자신의 불구를 그를 사랑하시는 하느님께 바치는 제물로 삼았던 것이다.(17장)

그는 퍼킨스 교장 선생님을 통해 장애라는 인생의 굴레에서 벗어날 수 있는 좋은 계기가 마련되었다. 하지만 신앙의 열정이 떨어지자 그는 과거의 굴욕이 생각나면서 친구에게 집착하고, 친구에게도 상처를 받자 모든 것을 뒤로하고 자유를 향해 떠나고 싶어졌다. 그는 무작정 독일로 가서 이런 저런 공부를 하다가 그곳이 싫어지자 돌아오고, 공인회계사라는 직업을 추천받아 수습으로 런던으로 갔지만 서툰 업무에 지루한 도시 생활을 견딜 수 없어 1년 만에 포기하고, 출장 중 파리에 갔다가 거기에 꽂혀 그림을 그리겠다고 막대한 비용을 지불하며 결국 재능이 없음을 알고 포기한다.

아버지를 따라 의사가 되겠다고 다시 런던으로 갔을 때, 밀드레드라는 전혀 장점이 없는 여자를 만났는데 그녀에게 집착하며, 다른 이와 결혼하고 연애해도 곁에만 있게 해 달라는 말도 안 되는 감정을 사랑이라고 착각하며 많은 시간과 돈을 탕진한다. 그것은 사랑이 아니고 육체의 정욕을 채우려는 감정에 불과했으며, 장애의 굴레에서 나오지 못한 자존감 낮은 사람의 건강하지 못한 집착이었다. 그는 밀드레드 때문에 돈에 쪼들리게 되고 주식에 투자했다가 거의 노숙인 신세까지 전락한다. 아델리라는 사람의 도움과 백부가 남긴 유산으로 늦은 나이에 의대를 졸업해 샐리라는 여인을 만나 가정을 꾸리게 되는 장면에서 소설은 끝나지만 그의 인생은 장애와 애정결핍이라는 굴레에서 벗어나지 못한 한 남자의 실패의 연속이다.

옥스퍼드 거리를 건너는 밀드레드.

그에게 드리워진 인생의 굴레는 훌륭한 성직자의 길을 가지 못하게 했고, 신앙을 벗어나 인생의 의미를 찾는 수많은 방랑의 여정을 가게 했다. 그의 자유에 대한 갈망이 한편 인생을 배우는 기회가 되기도 했지만, 그는 자신의 수많은 실패를 돌아볼 때 안타까운 마음을 금할 수 없었다. 그는 크론쇼라는 사람을 통해 영향을 받아 이 모든 실패한 과거도 받아들여야 하는 운명이며, 인생이라는 양탄자의 아름다운 무늬가 된다고 자위하지만 그가 인생의 굴레를 벗어나지 못해 인생의 많은 부분을 허비한 것만은 분명하다. 그는 의사로서의 실습 과정을 통해 가난하고 불행한 많은 이들을 만나면서 모든 사람은 자신만의 굴레를 가지고 있다는 것을 깨닫는다.

세상에는 정상적인 사람이 그리 많지 않은 법이다. 모두가 심신 양면에 어떤 결함을 가지고 있는 것이 사실이다. 그는 자기가 여태까지 사귀어 온 많은 사람들을 되새겨 보았는데(전 세계는 그대로 병원이었다. 모든 것이 모르는 것뿐이었다) 거기서 본 것은 오직 길게 이어진 병자의 행렬뿐이었다. 육체에 결함이 있는 사람에, 마음이 비뚤어진 사람, 심장이 약한 사람, 가슴을 앓는 사람 등 육체의 병을 짊어지고 있는 사람도 있는가 하면, 또 무기력. 주벽 등, 마음의 병을 앓는 사람들도 수없이 많다.

이제 필립은 그 모든 사람들에 대해 마음으로부터 연민의 정을 느낄 수가 있었다. 말하자면 모두가 맹목적인 운명의 장난감이 된 데 불과한 것이다. 그리피스의 배반도, 밀드레드로부터 받은 고통도 이제는 모두 용서할 수가 있었다. 그들로서도 도저히 어쩔 수 없었던 것이다. 단 한 가지 인간이 할 수 있는 일이란 사람의 선한 점은 받아들이고, 악한 점은 묵묵히 참는다는 것이었다. 죽음이 임박한 예수 그리스도의 말이 문득 머리에 떠올라 왔다. '그들을 용서하라. 그들은 자기가 하는 일이 어떤 일인 줄을 모르기 때문이니라.'(121장)

필립과 밀드레드.

그러면 우리는 모두 필립처럼 인생의 굴레에서 나

오지 못하고 많은 시간을 허비하며 살아야 할 것인가? 성경은 우리 모두가 하나님과 단절되어 결핍 속에 살아가고 있는 죄인임을 말한다. 우리 모두가 죄인이라는 말씀은 모두가 윤리적으로 동일한 범죄를 저지르고 산다는 의미가 아니라 우리 모두가 창조하신 하나님과의 영적인 관계를 단절하고 실존적인 결핍 속에 살아가며 그 결핍이 주는 고통 속에서 불행하게 살아가고 있다는 것이다. 그 삶의 모습은 다양하지만 결국 하나님이 없는 인간은 자신의 굴레라는 운명의 장난감으로 불행하게 살아간다는 것이다. 낮은 자존감과 열등감, 돈과 권력 같은 헛된 목표, 이성과의 관계, 미래에 대한 두려움, 외로움과 고독감과 우울함 등의 노예가 되어 불행하게 살아간다는 것이다. 이것이 바로 하나님과 단절된 인간이 받는 심판이다. 작가는 그 굴레를 그냥 받아들이라고 말한다. 하지만 더 나은 해결책이 있다. 바로 복음이다. 복음은 바로 이 심판에서 벗어나 구원을 얻는다는 소식이다. 예수를 통해 하나님의 다스리심 안에서 복된 삶을 살아간다는 것이다. 이것이 바로 예수를 믿는 자에게 약속하신 영생이다.

> '하나님이 세상을 이처럼 사랑하사 독생자를 주셨으니 이는 그를 믿는 자마다 멸망하지 않고 영생을 얻게 하려 하심이라. 하나님이 그 아들을 세상에 보내신 것은 세상을 심판하려 하심이 아니요 그로 말미암아 세상이 구원을 받게 하려 하심이라 그를 믿는 자는 심판을 받지 아니하는 것이요 믿지 아니하는 자는 하나님의 독생자의 이름을 믿지 아니하므로 벌써 심판을 받은 것이니라 그 정죄는 이것이니 곧 빛이 세상에 왔으되 사람들이 자기 행위가 악하므로 빛보다 어둠을 더 사랑한 것이니라'(요 3:16~19)

운명과 같은 인간의 굴레에서 벗어나는 길은 예수를 통해 하나님의 자녀가 되어, 복음 안에서 온전한 자유를 누리는 길밖에 없다. 복음은 모두에게 운명으로 드리워져 있는 인간의 굴레로부터 우리를 자유하게 하는 하나님의 복된 소식이다. 자신의 굴레를 주 안에서 다루고 치유받는 이는 반드시 하나님 나라를 누리며 살아가게 될 것이다.

하나님의 뜻이 이루어지기를 소망하고, 그것이 가장 나에게 유익한 것임을 믿는 것이 진정한 믿음이다

필립은 신앙의 분위기에서 성장했다. 후에 학생들을 하나님께 헌신된 인물로 만드는 것을 목적으로 하는 학교에 입학한다. 그러나 성숙하지 못한 아이들에게 배려와 사랑을 기대할 수 없었다. 여러 고통스러운 경험을 한 필립은 수치심과 열등감으로 소심한 아이가 된다. 그는 학교에 유행하던 열정적인 신앙적 분위기에 편승해서 성서협회에 가입하고 성경을 열심히 읽게 된다. 그리고 믿음의 힘으로 자신의 다리를 고칠 수 있다는 소망에 휩싸인다.

> 어느 날 밤 그는 다음과 같은 그리스도의 말씀에 부닥쳤다. '만일 너희가 믿음이 있어 의심하지 아니하면 이 무화과나무에 이뤄진 일과 같은 일을 이룰 것이며 산을 들어 옮겨 바다에 들라고 하여도 되리니, 너희가 기도할 때 무엇이든지 믿고 구하면 다 얻으리라.' 그때는 별다른 감동을 주지 않았으나 이삼일 뒤의 일요일에 목사가 설교할 성구로 이 성경구절을 택하게 되었던 것이다. 킹스스쿨 학생들은 성가대석에 앉아 있었고, 설교단은 한구석에 있었으므로 설교자는 그들과 거의 등지고 있었다. 그러므로 필립이 설교를 들으려고 애써도 소용없는 일이었다. … 그

러나 이 성경구절만은 바로 이삼일 전에 읽었던 탓인지는 모르나 필립의 귀에 뚜렷이 들려와 별안간 이것은 나를 두고 하는 이야기로구나, 하는 마음이 들었다. 설교가 계속되는 동안 그는 이 구절에 대해 골똘히 생각하고 있었다. 그는 그날 밤 침대에 들었을 때, 곧 복음서의 책장을 넘겨 다시 그 성구를 찾아내었다. …

그날 밤도 그는 무릎을 꿇고 두 손에 얼굴을 파묻고 병신다리를 낫게 해 주십시오, 하고 열심히 기도드렸다. 병신다리 따위는 산을 옮기는 데 비하면 아무것도 아니다. 하느님 뜻이라면 반드시 나을 것이다. 또 그와 같은 그의 신앙에는 한 점의 의심도 없었다. 이튿날 아침, 다시금 같은 소망을 기도드리고 나서 그는 그 기적이 일어날 기한까지 정했다. (14장)

하지만 필립의 기도는 응답되지 않았다. 그는 믿음이 부족했다는 큰 아버지의 말씀을 듣고 기한을 연장하며 기도했다. 그러나 의심 없이 온전

서머싯 몸이 다녔던 캔터베리의 킹스스쿨. 소설에서 필립이 다녔던 킹스스쿨은 캔터베리에 소재한 것으로 나와 있다.

한 믿음을 가진 사람이 어디 있는가 하는 생각으로 기도를 중단하고 신앙에 대한 회의감에 빠진다. 그는 상급학교에 진학하여 신앙의 열정을 가지고 한때 성직자로 헌신하려고 결단하지만, 결국 자신의 굴레인 장애의 문제를 신앙 안에서 극복하지 못하고 아예 떠난다. 그리고 여러 곳을 다니며 많은 사람을 만나면서 인생의 의미를 찾아 헤맨다. 자신의 장애를 고쳐주지 않는 신을 믿을 수는 없었던 것이다. 장애를 고쳐주셨으면 얼마나 좋았을까? 그에게 장애를 주시지 않았으면 얼마나 좋았을까? 자신의 잘못도 아닌데 장애로 인해 겪었던 상처와 아픔, 외로움을 생각하면 신앙을 떠난 것이 한편으로 이해되기도 한다. 필립은 신앙을 버리고, 스스로 삶의 의미와 법칙을 찾으려고 노력했다. 그가 도착한 결론은 원하는 대로 행동하는 것이었다. 다만 길모퉁이에 순경이 있으니 약간의 통제는 필요하다는 것이었다. 그는 신앙 밖에서 진정한 자유인이 되었다고 확신하는 경지에 이르렀다.

필립이 그리스도교의 신앙을 버렸을 때, 마치 그의 두 어깨에서는 무거운 짐이 내려진 기분이었다. 그리스도 교리에서는 사람의 행위 하나하나가 그대로 영원한 영혼의 행복에 대하여 무한한 중대성을 지니고 있다고 한다. 그렇다면 사람들이 일거수일투족에 대해서도 중대한 책임을 져야 한다는 결론이 된다. 그러한 책임을 한꺼번에 내동댕이치는 순간 그는 생생한 자유를 경험할 수 있었다.

그러나 돌이켜보면 지금에 와서는 그것이 크나큰 착각이었다. 그가 자라나던 과정에서 얻은 신앙을 저버리고 말았을 때, 그는 신앙의 일부분인 도덕만은 그대로 남겨두고 만 셈이었다. 그리하여 이번에는 그것마저 송두리째 없애 버리려고 마음먹었다. 다시는 일체의 선입감에 의해 동요되지 않으리라. 자기 스스로가 행위의 법칙을 발견하려고 결정을 내린 이상,

일체의 미덕과 악덕, 선악에 관한 일체의 기성법칙을 파기해야 했다. 도대체 법칙이라는 것이 필요한 것인지 아닌지, 그것부터가 아리송했다. 이것이 바로 그가 목마르게 찾던 사실의 하나이기도 했다. …

필립은 자신이 어떻게 행동해야 할지 그것이 알고 싶었다. 주위 사람들의 의견에 영향받는 행동은 절대 삼가리라고 단단히 결심했다. 그러나 그러는 동안에도 계속 살아 나가지 않으면 안 된다. 그래서 일종의 행동이론이 설 때까지 잠정적 법칙을 세우기로 했다. "원하는 바에 따라 행동하라. 단 항시 길모퉁이에 순경이 서 있는 것을 명심하라."

그가 파리에서 얻은 가장 큰 수확은 정신의 완전한 자유, 그것이었다. 그는 마침내 자기가 절대적인 자유인이 되었다는 것을 발견했다.(53장)

그러나 그가 잠정적으로 세운 원칙이 옳지도 않았으며, 그를 인간의 굴레에서 자유롭게 하지도 못했다. 그 이후에도 그는 늘 열등감에 시달렸고, 감정과 욕정의 노예가 되어 건강하지 못한 가학적 사랑을 하게 된다. 그는 자신의 굴레에서 파생된 감정과 이끌림을 따라 비참한 실패를 거듭한다. 굴레를 벗어난 건강한 마음을 가지지 못한 사람은 진로에 대한 고민과 사랑에 대한 노력도 결국 자신을 비참하게 만든다. 그는 하나님의 비전을 찾아가는 것이 아니라 자기 인정 욕구를 채우려고 헤맸으며, 그는 감정을 넘어 타인을 책임지는 사랑이 아니고 자기 영혼의 굶주림을 채우기 위해 게걸스럽게 욕구에 탐닉하여 자신까지 파괴하는 결과에 이르게 되었다. 그와 밀드레드와의 사랑은 단테의 신곡에 등장하는 파올로와 프란체스카처럼 결국 삶을 지옥으로 만드는 감정의 노예 이상도 이하도 아니었다.

그는 지금까지 사랑이란, 사람의 마음을 황홀하게 해주고 온 세상이 봄날처럼 화창하게 보이는 것으로 생각하고 그러한 환희에 찬 행복감을 동경해 왔었다. 그러나 그것은 행복이 아니라 이제까지 알지 못했던 영혼의 굶주림이요, 가슴 아픈 그리움이요, 쓰디쓴 괴로움이었다. 언제부터 이러한 심정이 되었는지 곰곰이 생각해 보았다. 그러나 알 수가 없었다. 다만 그가 기억하는 것은 처음 두어 차례를 빼놓고는 그 찻집에 들어갈 때마다 희미하게 가슴이 쓰리던 일뿐이었다. 그리고 그녀가 자기에게 말할 때면 이상하게도 가슴이 뻐근해지는 것을 느꼈다. 그녀가 가버리면 쓸쓸했고 그녀가 그에게로 오면 절망을 느꼈다.(57장)

우리는 여기서 진정한 믿음이란 무엇인가 생각해 봐야 할 것 같다. 내가 원하는 것이 있고, 그것을 하나님께서 이루실 것이라 확실히 믿고, 열심히 기도로 정성을 드리면 소원이 이루어진다고 믿는 것이 진정한 믿음인가? 사실 이러한 신앙은 신이 하나님이라는 것만 제외하면 인류가 성경이라는 계시에 근거하지 않고 스스로 만들어낸 종교들과 다를 바가 없다. 원하는 대로 되지 않으면 믿음 부족, 정성 부족을 이야기하는 무속 신앙과 다를 바 없다. 기독교 신앙은 하나님의 창조와 하나님의 피조물인 인간의 타락에서 시작한다. 타락이란 하나님의 통치를 따라 살아가야 할 인간이 하나님으로부터 독립하여 스스로의 판단과 기준으로 자신의 통치자가 되어 살아가는 죄가 온 땅을 망가트리는 것이다. 따라서 하나님과 단절된 인간은 모두 세상에서 수많은 고통을 겪으며, 세상 모든 피조물은 자신만의 굴레에서 고통당한다.

'피조물이 다 이제까지 함께 탄식하며 함께 고통을 겪고 있는 것을 우리가 아느니라'(롬 8:22)

결국 하나님께서는 이스라엘을 통해 구원을 계시하신다. 메시아를 통해 하나님의 나라를 이 땅에 회복하는 것이다. 결국 진정한 믿음은 예수님을 믿고 하나님의 뜻과 계획이 이 땅에 이루어질 것을 믿고 살아가는 것이다. 하나님께서 이스라엘을 가나안 땅으로 보내실 것이라 믿고 바로의 궁정을 나오는 모세와 같이 하나님의 뜻이 이루어질 것을 믿고 그분의 나라와 의를 따라 살아가는 것이다. 물론 우리는 살아가면서 육체적인 장애나 질병, 가난과 고난, 정신적인 질병 등 우리의 굴레와 결핍을 놓고 기도하게 될 것이다. 듣지 않으시는 것 같은 느낌이 들 때 하나님께 서운하고 고통스러울 것이다. 그러나 결국 진정한 믿음으로 바울처럼 육체의 가시를 주신 것도 교만하지 않게 하려는 하나님의 뜻임을 인정한다면 더 높은 차원의 진정한 믿음을 경험하게 될 것이다.

　많은 그리스도인들이 자신의 문제를 해결해 주시지 않는다고 하나님을 거부하며 신앙의 길을 떠난다. 하지만 그럼에도 진정한 믿음으로 나아가길 기대한다. 필립의 장애가 고침 받을 수도 있다. 하지만 퍼킨스 교장의 말대로 감사하며 받아들이고 하나님께서 주신 길을 가다보면 하나님의 더 큰 은혜의 계획이 이루어지는 체험을 하게 될 것이다. 혹 우리가 원하는 상황이 속히 오지 않는다 하더라도 우리의 믿음을 버리지 않는 것이

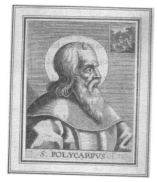

조각으로 만든 성 폴리갑.

진정한 신앙이다. 요한의 제자인 순교자 폴리갑은 노년에 로마 군인들에게 잡혀 신앙을 버리라고 강요받는다. 하지만 그는 평생 동안 자신에게 은혜 베푸신 하나님을 버릴 수 없다고 단호하게 말한다. 그는 다니엘처럼 그의 세 친구처럼 풀려나지 않고 죽는다. 그러나 그의 선택은 평생의 신앙이었고, 우리는 그가 하나님 나라를 누리며 살았을 것이라고 쉽게 확신할 수 있다. 주기도문의 한 구절처럼 하나님

의 뜻이 하늘에서 이루어진 것처럼 이 땅에서도 이루어지길 소망하는 신앙, 그렇게 되었을 때 우리의 인생에도 최선의 결과가 올 것이라는 신앙이 진정한 기독교 신앙이다. 겟세마네 동산에서 주님의 원대로(뜻대로) 되기를 구하는 예수님은 진정한 모델이 되어주셨다.

다리에 장애를 가진 한 아이의
구름 자욱한 인생의 시작(1~9장)

어두운 잿빛 하늘에 먼동이 텄다. 구름이 나직이 끼고 몹시 쌀쌀해서 곧
눈이라도 내릴 것 같았다. 어린아이가 자고 있는 방에 유모가 들어가 커
튼을 젖혔다.

1908년 20세의 몸. 《인간의 굴레》의
주인공 필립은 많은 부분 몸과 닮아
있어서 자전적 소설로 여겨진다.

소설은 심상치 않은 날씨를 배경으로 한 어린아
이를 소개하며 시작한다. 왼발에 장애가 있는 남자
주인공 필립. 그의 엄마는 동생을 사산하고 세상을
떠났다. 의사였던 그의 아버지는 이미 약간의 유산
을 남기고 세상을 떠난 상태였다. 목사인 큰아버지
댁이 있는 블랙스테이블에서 검소하고 단조로운 일
상이 이어졌고, 일요일에는 교회에서 하루를 보냈
다. 무뚝뚝한 백부와 자녀를 키운 적이 없어서 아이
를 다루는 게 서툴렀던 백모와 살며 외로운 일상에
기쁨이 되었던 것은 메어리 앤이라는 가사도우미와

의 시간이었다. 그들은 엄격한 가정교육을 고수했다. 책 수집을 취미로 하던 백부의 서재에서 책 읽는 것을 좋아하게 된 필립이 경건한 성직자가 되기를 바랐다.

학창시절 장애와 애정결핍의 굴레 때문에
신앙의 길을 벗어나다(10~21장)

필립은 학생들을 하나님께 봉사하는 성직자 지망생으로 키워내는 캔터베리의 킹스스쿨 예비학교에 입학하게 되었다. 그는 학교에서 부모가 없다는 이유로, 다리에 장애가 있다는 이유로 놀림거리가 되고 만다. 그는 점점 신경이 예민해졌고, 자신의 다리를 수치스럽게 여기며 감추게 되었다. 말수도 적어지고, 점점 소심한 아이가 되어갔다. 필립은 공부를 잘했지만 고뇌에 가득한 자의식을 갖게 되었다. 쉽게 눈물을 흘리고, 자기 연민에 빠지는 아이가 되어갔던 것이다. 그 무렵 학교에는 신앙의 열풍이 불었다. 그도 신앙에 열정을 보이며 성서 협회에 가입해서, 매일 저녁 성경을 읽게 되었다. 기도로 자신의 다리를 고칠 수 있다는 확신을 가지고 기도했으나, 기적은 일어나지 않았고, 믿음이 부족해서 그런 것이라는 백부의 답변에 다음 부활절까지 기도하기로 결심했고, 신비한 의식에 의지하면서까지 기도했다. 그러나 부활절이 되기 전에 그가 도달한 결론은 충분한 믿음

1937년 존 슬론의 에칭 일러스트판 삽화 중 크고 어두운 대기실에서 기다리는 환자들.

을 가진 사람은 결국 한 사람도 없을 것이라는 생각이었다. 그는 백부에게 희롱당한 것 같은 느낌이 들었다. 기도는 중단되었다.

13세가 되어 그는 킹스스쿨에 진학했다. 그가 입학하기 전에 톰 퍼킨스라는 사람이 새 교장이 되었다. 그는 아주 똑똑한 사람이었지만, 성직자다운 사람은 아니었다. 그가 부임한 후 학교에는 많은 변화가 있었다. 필립은 이런 변화 속에서 물딱총이라는 별명을 가진 고든 선생님 반이 되었는데, 그 선생님은 수줍은 성격 때문에 작은 목소리로 말하는 필립에게 다리병신, 돌대가리라며 윽박질렀다. 필립은 큰 상처를 받았다. 상급반이 되자 학교생활은 좀 나아졌다. 그는 견신례를 받는 과정에서 성직자가 되기를 권면하는 교장 선생님과 대화하며 장애를 감사함으로 받아들이고 성직자가 되려는 열망에 타오르기도 했다. 하지만 그는 상처의 굴레에서 벗어나기 어려웠다. 전에 신앙의 열정에 휩싸여 다리를 고쳐달라고 기도하다가 포기했던 것처럼, 과거의 굴욕감과 상처는 그의 신앙의 열정을 빼앗아갔다.

상처의 반작용으로 그에게는 다른 사람들을 무시하는 습관이 생겼고, 다리가 멀쩡한 아이들을 동경하며 친하게 되고 싶은 마음이 지나쳐 관계에 집착하다가 친구 관계도 소원해지고 말았다. 장애의 굴레를 벗어나지 못하는 것을 넘어 상처가 더해졌다. 그는 학교를 진심으로 미워하게 되었다. 그리고 공부도 하지 않게 되었으며, 성직자의 꿈도 버렸다. 교회까지 싫어하게 되었다. 그는 자유를 갈망하게 되었으며, 백부와 백모, 교장 선생님의 만류에도 불구하고 결국 학교도 그만두게 되었다.

자유를 향해 학교를 자퇴하고
독일 하이델베르크로(22~35장)

상처의 굴레 속에서 벗어나 자유를 누리고자 했던 필립은 백부의 친지를 통해 독일 하이델베르크로 가게 된다. 하숙집에서 많은 이들을 만났고, 독일어와 라틴어와 프랑스어를 배우며, 수학도 배우며 많은 이들과 만나 자유로움에 도취되어 지냈다. 얼마 후 친하게 지내던 헤드윅이라는 여성에게 사랑을 고백했으나 거절당했다. 영국인 헤이워드나 미국인 위크스 같은 여러 친구들과 만나 종교와 문학에 대해서도 대화하며 신앙에서 점점 멀어지게 되었다. 필립은 대학에 다니며 철학에도 관심을 갖기도 했다.

그러나 그는 독일에서의 생활에 흥미를 잃었고, 아무 미련 없이 블랙스

하이델베르크 구시가지.

테이블로 돌아왔다. 그는 친척 윌킨슨 양에게 성적 호기심을 느껴 육체적으로 가까워졌지만, 결국 그녀에게 쉽게 환멸을 느끼고 그녀를 거부했다. 그녀는 계속 사랑을 원했지만, 결국 그들의 관계는 끊어지고 말았다. 백부 내외와 논의 끝에 공인회계사가 되기 위해 수습사원으로 취업하기 위해 런던으로 떠난다.

공인회계사가 되기 위해 런던으로(36~39장)

런던에서 회계사 수습업무가 시작됐다. 그러나 그는 곧 도시에서의 고독함을 느끼고, 매일 밤 우울함을 느꼈다. 업무에 있어서도 흥미가 없었고, 보고서를 잘못 썼다고 고치라는 명령을 받고 굴욕감도 느끼게 되었다. 이 일에 재능이 없다는 것을 알게 되고, 사무실에서 그림을 그리며 시

1927년 서머싯 몸의 집이 있던 카프페라 지역.

간을 보내기도 했다. 친구 헤이워드와의 편지를 통해 자신의 런던에서의 생활에 대해 더욱 비참함을 느꼈다. 그러던 중 상사와 파리로 출장을 가게 되었는데, 거기서 파리에 매료되었고 미술을 하고 싶다는 강렬한 이끌림을 받게 되었다. 1년 만에 런던 생활을 접고, 자신을 친자식처럼 아끼는 백모가 챙겨준 돈을 받아 파리로 가게 되었다.

미술가의 꿈을 안고 파리로(40~53장)

그는 파리에서 미술을 배우기 위해 아틀리에에 나갔고, 파니 프라이스 양의 도움을 받아 그림을 시작했다. 그는 많은 동료들을 만나서 예술에 대해 대화하며 밤을 보냈다. 그는 크론쇼라는 사람을 만나 인생관과 예술관에 큰 영향을 받는다. 위대한 화가가 되어야겠다고 결심한 필립은 아틀리에에서 푸아네라는 교수를 만난다. 그는 파니 프라이스의 그림을 혹평하면서 재능이 없으니 그림을 포기하라고 말한다. 돈이 떨어져가던 필립은 친구 로우슨과 같이 저렴한 아틀리에 겸 숙소를 얻고 행복해한다. 여름철이 되어 다들 그림을 그리기 위해 파리를 떠나 휴가를 가기로 했다. 휴가를 다녀온 사이 프라이스 양은 이미 이세상 사람이 아니었다. 그녀는 자존심 때문에 누구에게 도움도 요청하지 못하고 심한 가난으로 죽음을 택한 것이다.

그는 이 사건에 큰 충격을 받았다. 그리고 자신의 재능에 대해 생각하며 미래에 대해 고민하기 시작했다. 그는 살롱에 출품을 했지만 낙선했고, 푸아네 교수에게 진지하게 자신의 재능과 미래에 대해 물었다. 교수는 평범한 화가 이상이 되기는 힘들 거라고 했으며, 교수 자신도 젊었을 때 누군가가 같은 충고를 했다면 따랐을 것이라고 했다. 그는 파리에서 인생관이 정립되었다고 생각했다. 이 무렵 백모께서 돌아가셨다는 편지가 왔고, 필립은 블랙스테이블로 가서 장례를 치렀다. 그는 파리가 싫어졌고, 의사가 되는 게 좋겠다는 데 백부와 의견의 일치를 보게 되어 아버지가 졸업한 런던 성 누가 의학교로 떠났다.

런던에서 밀드레드와 자학적 사랑에 빠지다(54~78장)

그는 의학 공부를 시작했다. 학업에는 큰 흥미를 느끼지 못하고, 그는 우연히 친구와 찻집에 가서 종업원 밀드레드라는 여인을 만나게 되었다. 필립은 자신을 무시하는 듯한 그녀가 싫었지만, 이상하게 그녀에게 점점 빠져들었다. 그녀를 사랑하게 되었는데, 비참한 느낌이 들었다. 그녀에 대한 사랑은 그의 마음속에 있던 영혼의 굶주림, 가슴 아픈 그리움, 쓰디쓴 괴로움을 확인하는 과정이었다. 자신에게 쌀쌀맞게 대해도, 자신을 무시하고 홀대해도, 심지어 자신과의 약속을 깨고 다른 남자를 만나러 가도 그녀를 소유하고 싶은 마음을 버릴 수 없었다. 그는 자신만을 사랑해달라고 말할 수도 없게 되었고, 그저 자신도 옆에 있게만 해 달라고 애원하는 지경에까지 이르렀다. 그는 시험에도 낙제했고, 자신의 인생관 따위는 이미 사라진지 오래다. 그는 문자 그대로 사랑의 포로였다.

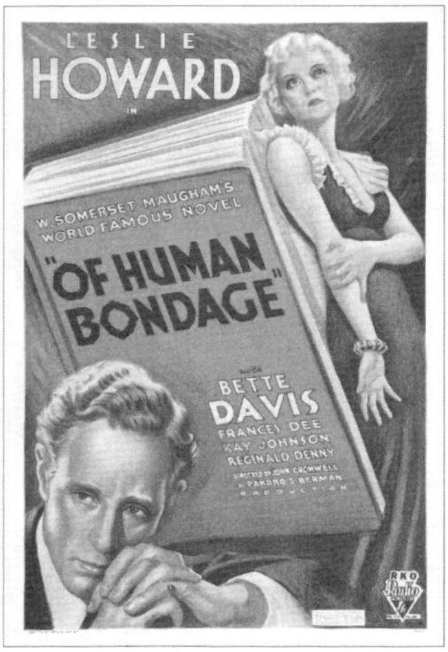

1934년 개봉된 영화 <인간의 굴레>의 포스터.

그렇게 그녀에게 매달리고 있을 때, 그녀는 밀러라는 남자와 결혼을 해 버렸다. 그녀의 결혼식 날 친구 헤이워드가 런던에 왔다. 친구와 미래에 대해 이야기하며 마음을 잡은 필립은 다시 순조롭게 공부를 하게 되었다. 그 무렵 필립은 남편과 별거 중이며 아이들도 키우고 있는 삼류 소설가 노라를 만났다. 둘은 애인관계가 되었고, 필립은 자신을 돌봐주는 그녀에게 의지하며 영혼의 상처가 치유되는 경험을 했다. 칭찬을 하며 돌봐주는 그녀 덕에 시험도 잘 통과했다. 그러나 얼마 후 밀드레드가 밀러에게 버림 받았다면서 임신한 채로 필립을 찾아왔다. 그녀는 필립에게 사과하며 결혼하자며 접근했다. 그는 자신을 행복하게 해 주었던 노라와의 만남을 끊고 또 그녀에게 집착했다. 필립은 그녀 때문에 즐거웠고, 그녀가 행복하면 만족했다. 그는 그녀를 위해 변호사비도 대주고, 집도 얻어 주었다. 그녀의 한심한 모습은 변함이 없었지만, 그는 출산 후 파리로 여행을 갈 계획도 세웠다. 3개월 후 밀드레드는 출산했다. 그녀는 아이를 보모에게 맡겼다. 이제 그녀를 소유할 수 있으리라 믿었다. 그러나 필립이 친구 그리피스를 초대하여 식사 모임을 갖게 된 이후 밀드레드는 그에게 빠졌고, 그녀는 그리피스와 파리를 가게 되었다. 필립은 잘못된 만남에 열등감과 질투를 느꼈지만, 그들이 여행하는 데 경비까지 지원해줬다. 이런 자학적인 사랑이라니. 밀드레드는 당연히 돌아오지 않았다. 돈도 거의 떨어졌다. 모든 행동이 후회되었지만, 같은 상황이 벌어지면 반복하지 않을 자신 또한 없었다.

밀드레드와의 재회와 비극적 결말(79~97장)

그는 정신을 차리고 런던에서 새 학기를 시작했다. 밀드레드가 떠난 자리에 노라에 대한 생각이 자리 잡았는데, 그녀에게 이미 약혼할 남자가 생겼다는 것을 알게 되었다. 그는 의지할 여자가 없었고, 공부에만 집중하게 되었다. 그는 학교에서 실습에 들어갔고, 환자를 돌보는 일에 재미를 느꼈다. 그는 적합한 자리를 찾았다는 생각을 하게 되었다. 실습 기간이 거의 끝나갈 무렵 파리에 있는 로우슨에게 온 편지를 통해 자신의 인생관에 큰 영향을 준 크론쇼가 런던에 있다는 소식을 듣게 되었다. 그는 폭음으로 간경화에 걸려 있었다. 필립은 그가 준 페르시아 양탄자가 인생이란 무엇인가에 대한 답변이었다는 것을 알게 되었다. 인생이 무엇인지는 자신이 발견하고 자신이 만들어가는 것이라는 의미였다. 크론쇼의 시집이 출간될 예정이었으나, 이미 극도로 악화된 건강상태였다.

필립은 외과 수술 조수가 되어 자신과 비슷한 절름발이 소년환자를 만나게 되었다. 다리에 장애를 가지고도 열등감을 느끼지 않는 그 소년을 보면서 자신의 마음은 왜 계속 열등감을 느꼈을까 생각했다. 그리고 교수님의 요청으로 동료 실습학생들 앞에서 발을 보여주게 되었다. 교수님은 수술을 권했다. 필립은 치료를 받아보려는 생각을 품게 되었다. 얼마 후 크론쇼는 죽었다. 필립은 이제 6개월간 입원환자 담당으로 실습을 하게 되었다. 병원에서 그는 저널리스트 도오프 아델리라는 환자를 만나게 된다. 그는 말을 잘하고, 예의도 있고, 지식이 많았다. 둘은 많은 대화를 나눴고 친해졌다.

그는 퇴원 후 일요일에 필립을 자신의 집에 초대했다. 아내와 아이들을 교회에 보낸 후 아델리는 신앙의 유익에 대해 이야기했다. 그와의 대화를 통해 필립은 인생의 의미를 탐색해 온 여정의 끝에 대답을 얻어가는 느낌도 들었다. 교회에 다녀온 아홉 명의 아이들은 낯을 가리지 않아 필립은 금방 친해졌고, 그들을 보며 행복한 미소가 지어졌다. 필립은 목사인 큰 아버지 이야기도 하게 되었다. 그렇게 일요일마다 아델리의 가족과 즐거운 시간을 보내게 되었다.

어느날 아델리 가정을 방문하고 집으로 돌아오는 길에 광장에서 몸을 파는 밀드레드를 만났다. 그녀를 사랑하는 마음은 더 이상 없었다. 다만 아이와 함께 살고 있는 밀드레드를 몸을 파는 일에서 구해주기 위해 가정부 대신 일을 하는 조건으로 집에 오게 했다. 그녀는 살림이 서툴렀고, 예전의 연인관계가 되고 싶어 했다. 필립을 이용해 무엇인가 얻으려는 속셈이었다. 그러나 필립은 냉정하게 관계를 유지했다. 필립은 술집에서 이런저런 토론을 하는 것을 즐겼다. 거기서 매컬리스터라는 증권투자자를 만났다.

밀드레드 때문에 돈에 쪼들리던 그는 투자에 점점 관심을 갖게 된다. 그는 운 좋게 주식으로 돈을 조금 벌어 발 수술도 했다. 밀드레드는 필립의 마음을 돌려보려 했지만 애정을 주지 않는 필립에게 결국 욕설을 퍼부었다. 그리고 필립이 외출한 사이에 모든 것을 파괴하고 집을 나가 버렸다. 크론쇼의 양탄자를 비롯해 모든 것은 완전히 망가졌다. 필립은 그녀와 지내던 집에서 이사를 나왔고, 그녀와 완전히 마음을 정리할 수 있었다.

주식투자로 파산한 후
아델리의 가정을 통해 회복되고 의사가 되다 (98~116장)

필립은 밀드레드와의 관계에서 돈을 허비하여 남은 돈이 별로 없었다. 그래서 남아프리카에서의 전쟁을 매개로 투자를 권하는 매컬리스터를 믿고 남은 전 재산을 투자했다가 완전 파산상태가 되었다. 백부에게 도움을 요청했지만 거절당했다. 파산한 필립은 거리의 부랑자처럼 되었다. 그는 수치심에 아델리의 집에도 가지 못했다. 닥치는 일을 구했지만 어떤 일도 구할 수 없었다. 그는 죽고 싶었다. 그는 결국 아델리의 집에 가서 모든 것을 이야기하게 되었다. 아델리는 필립의 사정을 어느 정도 알고 있었고, 그와 함께 지내며 직장도 추천해서 취업을 하게 되었다. 필립은 상점 위치 안내하는 일을 했는데, 너무나 외롭고 힘들었다. 그저 아델리의 집에 가는 일요일이 유일한 낙이었다. 그는 백부가 죽고 유산을 남기면 의대로 돌아가리라는 희망을 품는다.

그는 직장에서 고객을 안내하는 업무를 하다가 디자인 일을 하게 되었는데, 큰 호평을 받아 의상도안부에서 일하게 된다. 그러던 어느 날 한밤중에 병원에 들렀다가 백부가 병들었다는 편지를 받고 휴가 때 간호하고 다시 런던으로 돌아왔다. 그는 돌아와 밀드레드의 편지를 받았고, 그녀를 만나 성병에 걸려 있다는 것을 알았다. 그녀를 정신 차리게 하고 싶었지만, 말릴 수 없었고 그것이 끝이었다.

맥주를 들고 들어온 샐리와 그녀의 아버지.

크리스마스 휴가로 백부를 찾아뵈었다. 필립은 백부가 죽기를 내심 바라고 있었다. 그가 남길 유산이 필요했기 때문이다. 백부는 마지막 성찬례를 받고 죽음을 받아들였다. 약간의 유산이 필립에게 주어졌다. 그는 백부의 재산을 처분하고, 학창 시절을 추억하며 캔터베리에 가보았다. 자신의 과거를 생각할 때 아무것도 이룬 것이 없음에 허탈한 마음도 들었다. 그러나 그가 겪은 모든 일은 인생이라는 양탄자 무늬의 아름다움을 더하는 것이라고 받아들이기로 했다. 과거는 대충 정리된 셈이다.

필립은 백부의 유산으로 안정을 찾았고, 다시 의대 실습 과정에 복귀했다. 출산하는 여인들을 위해 왕진을 다니며 가난하고 불쌍한 인생들이 참 많다는 것을 깨닫게 되었다. 그 중에 아주 가난한 가정의 매우 어린 산모가 죽는 것을 경험하기도 했다. 필립은 남은 의대 과정을 마치고 졸업장을 받았다. 그리고 그동안 꿈꾸던 스페인 여행을 위해 비용도 마련할 겸 남해안에 있는 한 시골 병원에 가서 일하게 되었다. 나이 많은 원장 닥터 사우스는 필립이 일하는 것이 마음에 든 나머지 공동경영을 제안했다. 동업하다가 병원을 물려줄 생각이었다. 그러나 그는 자유롭게 스페인을 여행하고 동양에도 갈 계획에 제안을 거절하고 돌아왔다.

샐리와의 사랑을 통해 마음 깊이 원하던
아내와 가정과 사랑을 얻다(117~122장)

아델리의 가족과 함께 여행 겸 농장에서 시간을 보내게 되었다. 거기서 필립과 샐리는 서로 사랑하는 사이가 되었다. 일상으로 돌아와 필립은 병원에서 근무를 마치고, 양장점 일을 마친 샐리와 데이트하며 서로에 대해 더욱 깊은 애정을 느꼈다. 필립은 샐리가 임신한 것 같다는 소식을 듣고 샐리와 가정을 이루고, 닥터 사우스의 병원에서 일하며 가정을 돌봐야겠다고 결심한다. 필립은 자신이 샐리를 위해 희생한다고

1677년 발간된 스피노자의 《윤리학》. 4부의 제목은 "인간의 굴레 또는 감정의 힘"이며, 제목을 여기에서 가져왔다.

생각했지만, 사실 그는 이제야 자신이 진정 원하는 것이 아내와 가정과 사랑이었다는 것을 깨닫게 된다.

그 소원을 위해, 진정한 행복에 자신의 몸을 내어 맡기기 위해 미래의 계획을 내려놓는 것이 어떤 승리보다도 훌륭한 패배라는 사실을 깨닫게 되었던 것이다. 그는 한 박물관에서 샐리를 만나 그녀가 임신하지 않았다는 것을 알게 되었다. 하지만 그것이 그의 결심을 흔들지 못했다. 그는 청혼했으며, 그녀는 담담히 받아들였다. 소설은 이렇게 마무리된다.

필립은 웃으면서 그의 손을 꼭 쥐었다. 그들은 일어나 미술관을 나왔다. 그리고 잠시 난간에 서서 트라팔가르 광장을 내려다보았다. 이륜마차 역마차들이 빗살처럼 왕래하고 사람들이 사방으로 바쁘게 오고갔다. 태양이 찬란하게 빛나고 있었다.

05장

진 정 한   신 사 의
덕 목 은   인 격 이 다

찰스 디킨스《위대한 유산》

(번역본 : 이인규 역, 민음사)

인트로 : 이보다 재미있을 수 없는
숨 막히는 막장드라마

막장드라마도 고전이 될 수 있다는 것을 입증하다

제인 오스틴의 《오만과 편견》, 샬롯 브론테의 《제인 에어》 등 유산에 관한 내용이 많은 영국 소설의 계보를 잇는 이 소설 《위대한 유산》은 대장장이의 도제로 살아가던 시골 소년 핍이 정체를 알 수 없는 어떤 부자에게 막대한 유산을 받아 신사 수업을 받게 되는 이야기를 중심으로 한다. 또 하나의 중요한 이야기는 가난하고 신분이 낮은 주인공이 에스텔라라는 부잣집

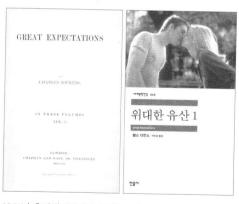

양녀를 만나 열등감과 수치심 속에 그녀를 사랑하게 되고, 바로 그 유산이 자신을 신사로 만들어 사랑을 이루어 줄 것이라고 소망하는 이야기다. 이 과정에서 중요한 인물은 에스텔라를 양녀로 삼은 여인과 핍에게 유산을 남겨준 남자다. 두 사람이 배후에서 이야기를 끌어간다.

1861년 출간된 《위대한 유산》 초판 표제지. 《위대한 유산》
(이인규 역, 2009년, 민음사)

이 작품을 다 읽고 나면 독자를 빨아들이는 능력과, 동시에 웃음이 나올 만큼 막장드라마라는 것에 놀랄 것이다. 이 소설은 19세기 작품이지만 현대 TV 드라마보다 더 막장 드라마적 요소를 가지고 있다. 소설의 중반부로 넘어가며 어느 날 신사수업을 받고 있던 핍에게 유산을 남겨준 은인이 정체를 드러낸다. 그는 소설의 첫 장면에서 감옥선을 탈출하여 핍에게 나타나 줄칼을 달라고 협박했던 험악한 죄수 매그위치였고, 핍이 사랑했던 에스텔라의 아버지임이 마지막에 밝혀진다. '내가 니 애비다.' 유산을 집행하는 변호사 재거스의 하녀가 바로 에스텔라의 어머니다. '내가 니 애미다.' 사기꾼 콤피슨은 에스텔라의 양어머니 미스 하비셤의 약혼자였다. 그는 사기 결혼을 추진하고 당일에 나타나지 않아 미스 하비셤이 평생 웨딩드레스를 입고 남자들에게 복수하는 삶을 살게 했던 바로 그 남자다. '내가 바로 그 사람이다.'

밑도 끝도 없는 막장도 이런 막장이 없지만, 사람을 끌어당기는 흡입력은 타의 추종을 불허한다. 매일 밤 많은 이들을 '보고 또 보게' 만드는 막장드라마도 디킨스가 연재했던 〈위대한 유산〉을 뛰어 넘지 못한다. 그런데 놀라운 것은 이 막장 드라마에 보편성과 예술성을 담아 최고의 고전 반열에 올랐다는 것이다. 재미와 감동, 예술성과 흥행을 모두 잡은 작가 찰스 디킨스의 재능은 신이 주신 것이 분명하다.

모든 위기를 기회로 바꾼 작가, 인생은 디킨스처럼!

작가는 유난히 돈에 관한 작품을 많이 남겼다. 한국인들에게 가장 많이 알려진 구두쇠 스크루지는 디킨스의 작품《크리스마스 캐럴》의 주인공이다. 디킨스는 어린 시절 조국 영국의 부유함과 상반되게 매우 가난하고 고달픈 삶을 살았다. 그는 유년 시절에는 공장에서 일하며 혹독한 노동에 시달렸다. 그는 예쁘고 고상해 보이는 부잣집 양녀 에스텔라에게 주인공 핍이 느꼈던 수치심과 열등감의 감정을 너무나 잘 알고 있었을 것이다. 동시에 자신의 주변에 있는 가난하지만 진정한 미덕을 갖춘 '진짜 신사' 매형 조와 같은 사람들도 많이 알고 있었을 것이다. 디킨스는 자신의 불행했던 어린 시절을 이겨내고 신문사 기자가 되었으며, 후에 자본주의 사회에서 가장 중요한 성찰의 대상인 돈에 대한 작품을 많이 남길 수 있었다. 찰스 디킨스는 자신의 어린 시절 위기를 기회로 바꾼 작가이다.

그는 작가 활동 이외에도 다양한 활동을 했는데, 자신이 직접 잡지 《일 년 내내(All the year round)》를 출간하기도 했다. 그러나 잡지를 출간한 이후 곧 판매 부수가 급격히 떨어지는 위기를 맞게 되었다. 그는 상황을 극복하기 위해 자신이 직접 구상하던 작품을 급하게 연재하게 되었다. 더욱이 판매 부수를 올려야하므로 더욱 극적이고 흥미로운 이야기로 이끌었다. 아마도 당시 그의 창작의 고통은 뼈를 깎는 수준이었을 것이다. 마침내 탄생한 《위대한 유산》은 한 번 읽으면 다음이 궁금해서 견딜 수 없는 작품이 되었다. 그는 결정적인 순간에 이야기를 끊고, 다음 회로 이어가는 숨 막힌 전개를 할 수밖에 없었는데, 이것이 소위 클리프행어 엔딩기법(cliffhanger ending)이었다. 이것은 드라마 같은 시리즈물에서 하나의 에피소드가 끝날 때마다 궁금증을

1867-1868년경 찰스 디킨스의 초상.

남기며 마무리하는 기법, 연속극이나 연재소설 등에서 갈등이 해결되지 않고 오히려 고조되거나 새로운 갈등이 등장한 시점에서 에피소드를 끝냄으로써 독자의 흥미를 유발하는 연출기법이었다. 찰스 디킨스가 이 기법의 달인이 된 것은 자신이 출간하는 잡지의 적자 때문이었다고 해도 과언이 아니다. 다행히 그가 이 소설 연재를 시작하고 나서 잡지 판매 부수가 급격히 증가했다고 한다.

산업 혁명으로 발전해가던 영국에서 어린 시절 아버지의 빚 때문에 공장노동을 했던 작가, 잡지의 흥행 부진에 괴로워하며 위기를 맞았던 작가는 결국 돈에 관한 가장 흥미진진한 고전《위대한 유산》을 남기게 되었으니, 그는 위기를 기회로 바꾸는 탁월한 삶의 자세를 가진 작가이기도 하다. 이 작품은 인류에게 그가 유산으로 남긴 삶의 자세가 담겨 있는 작품이다.

빅토리아시대 신분 상승의 욕망과 진정한 신사의 개념

영국은 유독 여왕이 많았던 나라다. 그 중 유명한 둘을 꼽자면 17세기 엘리자베스 여왕과 19세기 빅토리아 여왕이다. 엘리자베스 시대를 대표하는 작가가 그 유명한 셰익스피어이며, 빅토리아 시대를 대표하는 작가가 찰스 디킨스다. 작가가 살았던 빅토리아 시대는 산업혁명의 결과 중산계급이 부를 바탕으로 성장하여 정

영국의 엘리자베스 2세 여왕과 빅토리아 여왕.

치, 사회, 경제적으로 주도권을 장악하던 시기였다. 혈통에 의해 세습되는 귀족 중심의 사회 구조가 개인의 능력을 통해 신분 상승이 가능한 구조로 바뀌는 시대였던 것이다. 당연히 사람들의 신분 상승의 욕망은 폭발적으로 커져갔고, 새롭게 사회의 중심이 된 중산계급은 스스로 계급의 정체성을 확립해야 할 필요성이 대두되었다.

이 과정에서 나온 개념이 '신사'(젠트리에서 나온 젠틀맨)였다. 신사는 귀족의 부유함과 중산 계급의 도덕적 덕목을 결합한 인간상이다. 좋은 것은 다 가져다 붙인 것이라고 할까? 즉, 과거의 귀족처럼 노동이 필요 없을 만큼 일정 수준 이상의 수입이나 재산이 있으면서, 동시에 교양, 예의범절, 명예를 소중히 여기며 존경할 만한 도덕성과 인격을 갖춘 인간상이 바로 신사라는 개념이었다. 그러나 이런 인간이 존재할 수 있을까? 당연히 영국에서도 신사 개념은 물질적인 면만 중시되는 쪽으로 변질되었고, 내적인 미덕보다는 재산과 복장, 매너 같은 요소만이 남았다. 이 소설에서 신사 교육을 받던 핍처럼, 사교클럽을 전전하며 에스텔라를 차지했던 벤틀리 드러믈 같은 '껍데기만 신사'가 넘쳐났던 것이다.

1946년 개봉된 영화 <위대한 유산>에서 매그위치 역의 핀레이 커리와 어린 핍 역의 앤서니 웨이저.

인간의 내면은 돈으로 바뀔 수 없을 뿐만 아니라, 돈에 의해 더 저급해지는 것이 일반적이다. 이 소설은 그 과정을 보여준다. 핍은 유산이 생기자마자 자신을 우월한 존재로 여기며 어린 시절의 관계들, 특히 자신을 지탱해주며 사랑해주던 매형 조를 부끄러워한다. 신분을 상징하는 사교계에 발을 담그고 사치를 일삼으며, 하등 가치도 없는 사교모임을 즐기며 빚만 늘려간다. 사실 그는 껍데기만 신사가 되어갔던 것이다.

펍은 유산을 물려준 매그위치를 만나고 진정한 신사란 무엇인지 고민한다. 그리고 자신이 질병으로 고통당할 때 찾아와 돌봐주고, 자신의 빚을 갚아준 조를 고결한 그리스도인, 즉 신사와 같은 그리스도인(gentle Christian man)이라고 부르며 진정한 신사의 개념을 찾아간다.

> 오 하느님! 그를 축복하소서! 오 하느님, 참 그리스도인다운 이 고결한
> 사람(this gentle Christian man / 다른 번역: 예수님을 굳게 믿는 고결한 분)을 축복하
> 소서.(57장)

진정한 신사란 내면에 진정한 미덕을 갖춘 조와 같은 사람이며, 펍도 조와 같은 행동을 통해 구원 받는다. 펍은 친구 허버트를 진정으로 도와줘서 그가 사업에 성공하게 만들고, 친구 덕에 동업하며 빚도 갚고 충실한 삶을 살아간다. 신사가 되어가는 펍을 통해 죄수이자 은인 매그위치와 복수의 화신 미스 하비셤도 변화된다. 진정한 신사는 사람을 변화시키는 미덕을 갖춘 존재다.

영국의 식민지 개척, 감옥선, 유배형

작품을 이해하기 위해서는 막대한 유산을 남겼던 매그위치가 탔던 감옥선에서의 탈출, 재수감의 스토리, 호주로 유배형을 받고 부를 이뤘으나 런던에는 돌아올 수 없는 신분이었다는 것을 이해할 필요가 있다. 부에 의한 신분 상승이 가능해진 시대는 욕망이 극대화되는 시기가 될 수밖

에 없다. 작가 디킨스도 경험했듯이 어린 아이들에게까지도 가혹한 노동이 요구되었다. 당연히 빈부격차가 심각해졌고, 배고픔에 내몰린 생계형 범죄자들이 늘어갈 수밖에 없었다. 이미 수용 한도를 넘은 감옥에 대한 대안으로 사용한 것이 배를 개조하여 물에 띄운 감옥선이다. 한편 영국은 계속된 경제 성장을 위해 식민지를 개척해야 했는데, 바로 이 범죄자들이 노동력으로 사용되었다. 호주의 시초가 바로 이들이었고 이것이 19세기 영국이었다. 죄수들은 감옥선에서 탈출을 시도했고, 작품에서 죄수이자 유산을 남긴 사람인 매그위치(가명 프로비스)는 감옥선에서 탈출하여 늪지대에 숨어 있다가 수갑을 풀기 위해 핍에게 줄칼을 가져오라고 협박했던 것이다. 그는 수갑을 풀고 자신에게 죄를 뒤집어씌운 또 다른 죄수와 싸우다가 다시 감옥선에 수감되고, 결국 유배형을 받게 되었던 것이다. 당시에 유배형을 어기고 영국으로 돌아온 죄수들은 사형을 받았다고 한다. 그래서 매그위치는 런던에 와서 숨어 지냈고, 핍은 그를 다시 해외로 탈출시키려 했던 것이다.

역사적으로 보면 유명한 제임스 쿡 선장이 1770년 호주 동부해안에 도착했고, 그곳을 뉴사우스웨일즈라고 이름 붙여 영국 땅임을 선언했다. 이후 1788년 1월 영국인들이 호주로 집단이주를 시작했는데, 초기 이민단 약 천 명 중 700명 정도가 죄수였고, 나머지는 빈민들이었다고 한다. 이렇게 죄수들을 통해 호주를 개척한 지 40년 후인 1828년 호주 전체가 영국 식민지가 되었다. 호주는 매그위치와 같은 죄수들을 수용하는 유형지였던 동시에 경제적인 부를 이뤄주는 식민

19세기 영국에서 감옥선은 흔하게 볼 수 있었다.

지였던 셈이다. 작품 안에서 매그위치는 유형지에서 부를 이루고, 자신의 한을 풀기 위해 줄칼을 가져다주었던 핍을 상속자로 삼아 자신이 되지 못했던 신사로 만들고 싶어 했고, 그를 보면서 살아가기 위해 유형지를 탈출하여 런던으로 왔다가 잡혀서 사형 언도를 받았던 것이다.

영국이 호주를 식민지로 삼은 것은 자국의 범죄자 수용을 위한 유형지가 필요했기 때문이다. 죄수도 감금하고, 동시에 식민지도 개발하는 일석이조의 효과였다. 러시아가 시베리아를 유형지로 삼아 발전시켜 지금 시베리아의 파리로 불리는 이르쿠츠크가 생겨났듯이 호주도 많은 이들에게 관광지로 유명하다. 18세기부터 영국 템즈강에는 열악하기 이를 데 없는 감옥선이 떠 있었다고 한다. 그리고 영국은 지금도 감옥선을 운용하고 있다.

한풀이를 목적으로 살아가는
사람들의 삶은 비극이다

이 작품은 영화로도 여러 편 만들어졌는데 에스텔라 역의 매력적이고 도도한 여자 주인공이 나오고, 시골 소년에서 신사 수업을 받는 과정까지 줄곧 그녀의 매력에 빠져 열등감과 수치심 속에서도 그녀를 사랑하는 남자 주인공이 등장한다. 남자 주인공 핍은 그녀에게 빠져들면서 신분 상승을 욕망하게 되고, 죄수였던 매그위치를 통해 받은 유산으로 신사가 되어 그녀를 차지할 희망에 부푼다. 그러나 그의 사랑 에스텔라는 핍을 사랑하지 않는다. 그녀는 미스 하비셤에게 양녀로 입양되어 자신의 매력으로 철저히 남자를 비참하게 만드는 여자로 성장한다.

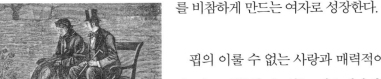

1877년 《위대한 유산》 가정판에 F. A. 프레이저가 그린 '벤치에 앉아 있는 에스텔라와 핍'.

핍의 이룰 수 없는 사랑과 매력적이지만 결코 행복할 수 없는 에스텔라의 모습은 이 소설의 중심 스토리이다. 이 남녀 주인공 스토리의 배후에 있는 두 인물, 핍에게 유산을 남겨주는 매그위치와 에스텔라를 양녀로 키운 미스 하비셤은 모두 자신의 한을 풀기 위해 인생을 살아가는 사람들이다. 먼저 매그위치는 불행한 환경 속에서 무시 받으며 살아온 험악한 과거를 보상받기 위해 유배지에서 재산을 모아 자신에게 음식을 가져다주었던 시골 소년 핍을 신사로 만들어 세상에 보란 듯이 내놓고 싶어 한다. 자신을 무시하는 사람들 앞에서 핍을 소유했다는 자부심으로 살아가고 싶어 한다. 그의 인생의 목적은 과거의 상처에 대한 심리적 보상을 받는 것이었다. 매그위치가 핍에게 하는 말 속에서 우리는 그의 잘못된 삶의 목적을 알 수 있다. 그의 마음에는 상처가 가득하고 그에 대한 복수심이 끓어오른다.

"그런데 친애하는 핍, 신사 한 명을 내가 키운다는 사실을 마음속으로 은밀하게 떠올릴 때마다 나는 정말 행복했단다. 길을 걷는데 식민지 사람들이 지랄 같은 말을 몰고 지나면서 먼지를 뒤집어씌울 때면 내가 뭐라고 했는지 아니? 속으로 '나는 너희 놈들보다 훨씬 훌륭한 신사를 키워!'라고 중얼거렸어. 식민지 사람들이 '저 놈은 운이 아주 좋을 뿐, 몇 년 전까지 죄수였다가 지금은 아주 무식하고 천박한 놈이야' 하고 속닥거릴 때마다 내가 뭐라고 했는지 아니? 나는 속으로 '신사도 아니고 배운 것도 없지만 그래도 나에겐 충분히 배운 신사가 있다. 너희가 가진 건 가축과 땅이 전부야. 너희 가운데 런던 신사를 제대로 키우는 놈은 하나도 없다!'고 중얼거렸어. 그러면서 열심히 일했어. 그러면서 언젠가는 너를 만나러 가겠다고, 네가 사는

존 맥레넌이 그린 《위대한 유산》 삽화 중 '습지에 앉아 있는 핍과 처남인 조'.

땅에서 나 자신을 밝히겠다고 마음속으로 끊임없이 다짐했어."(39장)

"내가 키운 신사가 진흙탕 거리를 걸어 다니는 걸 나는 도저히 견딜 수 없어. 장화에 진흙을 묻히는 일은 없어야 해. 내가 키운 신사는 말이 있어야 해, 핍! 등에 올라탈 말과 마차를 모는 말, 그리고 하인이 올라탈 말과 마차를 모는 말까지. 식민지 놈들도 모두 말을(그것도 아주 훌륭한 말을!) 타는데 내가 키운 런던 신사에게 말이 없어서 되겠어? 안되지, 안 돼. 우리가 놈들에게 본때를 보여주는 거야, 핍, 알겠니?"

"거기에 마음껏 써도 될 만큼 돈이 있다, 친애하는 핍. 모두 네 거야. 내가 가진 것 가운데 내 것은 하나도 없어. 모두 네 거야. 걱정할 것 없다. 돈을 가져온 곳에 더 많은 돈이 있으니까. 내가 조국으로 돌아온 건 내가 키운 신사가 신사답게 돈 쓰는 모습을 보고 싶어서야. 그러면 정말 기쁠 거야. 네가 그러는 걸 보면 나는 정말 기쁠 거야. … 지랄 같은 놈들아! 머리에 가발을 쓴 판사부터 먼지를 휘날리는 식민지 놈까지 모든 놈아, 내가 너희 모두를 합친 것보다 훌륭한 신사를 보여주마!"(40장)

또 다른 인물 미스 하비셤도 매그위치와 매우 유사한 삶을 살아간다. 그녀는 마음을 다 주어 사랑했지만, 결국 돈을 노린 사기 결혼의 피해자가 되고 말았다. 그 때부터 그녀는 자신의 인생을 오로지 남자들에게 복수하는 데 사용한다. 그녀는 여자 아이를 입양하고 그녀에게 많은 돈을 쓰지만, 그 목적은 오로지 자신을 불행하게 만든 세상에 대한 복수심을 채우는 것일 뿐이었다. 그녀의 집안과 용모는 매우 상징적이다. 그녀의 집은 해가 들어오지 않는다. 세상과 단절한 것이다. 시계는 신랑이 오지 않아 결혼식이 깨진 9시 20분 전에 멈춰 있다. 그녀에게 시간은 멈췄다. 미래는 없다. 그녀의 앙상한 몸은 낡은 웨딩드레스가 덮고 있다. 그녀의 성장도 삶의 모든 목적도 실연이라는 무게로 덮어버렸다. 그녀의 인생은 상처를 받은 그 순간에 멈췄고, 그 상처에 대해서만 반응하며 살아가고 있는 것이다.

그때부터 나는 방에 있는 건 무엇이든 줄 달린 시계나 괘종시계처럼 오래전에 멈췄단 사실을 서서히 깨달았다. 하비섬 아씨가 보석을 자신이 집었던 자리에 그대로 내려놓는다는 사실도 깨달았다. 에스텔라가 카드를 한 장씩 돌릴 때는 나는 화장대를 다시 힐끗 쳐다보고 거기에 있는 신발이 원래는 하얗지만 지금은 누렇게 변했다는 사실도, 실제로 신은 적이 한 번도 없다는 사실도 깨달았다. 그래서 신발을 신어야 할 발을 힐끗 내려다보니 비단 스타킹을 신었는데, 원래는 하얗던 게 지금은 누렇게 변한 채 바닥이 닳아서 오래전에 너덜너덜한 누더기로 변했다는 사실도 깨달았다.

　이렇게 모든 게 멈추지만 않았다면 그래서 모든 게 누렇게 변해서 정지하지만 않았다면, 쪼그라든 몸에서 쭈글쭈글하게 변한 신부용 드레스가 시체에 입힌 옷처럼 보이거나 기다란 면사포가 수의처럼 보이진 않을 수도 있겠다는 생각이 들었다.(6장)

그녀는 자신에게 상처를 준 사람에게 복수한다고 생각했겠지만, 실상은 자신을 죽이고 있었던 것이다. 그녀의 집념과 양녀를 교육하는 데 쏟은 열정과 시간은 모두 아무 의미가 없었다. 그녀는 상처의 노예가 되어 자신을 학대하고 있었고, 또한 에스텔라를 비롯하여 주

1910년 《위대한 유산》 도서관 에디션에 해리 퍼니스가 그린 미스 하비섬.

변의 많은 이들을 피해자로 만들고 있었다. 무의미함을 넘어 해악을 만드는 삶이 바로 그녀의 인생이었다.

> 하비셤 아씨가 지팡이 손잡이를 가슴에 대고 가만히 서서 식탁을 쳐다보았다. 원래 하얗던 신부용 드레스는 누렇게 변해서 쭈글쭈글하고 원래 하얗던 식탁보 역시 누렇게 변해서 쭈글쭈글했다. 주변 모든 게 한번만 손대면 그대로 바스러질 것 같은데, 하비셤 아씨가 섬뜩한 표정으로 다시 말했다. "파괴를 완성하는 날이, 내가 죽어서 결혼식용 식탁에 신부 드레스 차림으로 눕는 날이 - 언젠간 꼭 그렇게 되어서 그 사람에 대한 저주를 완성하는 날이 - 오늘 같은 생일이면 더할 나위 없이 좋겠어!"(11장)

이 두 사람의 삶은 너무나 비극적이다. 유배지에서 닥치는 대로 일하

마커스 스톤이 그린 《위대한 유산》 가넷 에디션 삽화 중 '핍과 에스텔라의 마지막 만남'.

며 돈을 벌었던 매그위치가 자신의 유산으로 선한 사업을 위해 살았다면 많은 사람들에게 진정 존경 받는 인생이 되었을 것이다. 사랑의 아픔을 겪은 미스 하비셤이 자신의 많은 재산을 양녀를 키우고 주변 사람을 돌보는 일에 사용했다면 백배 천배 행복한 삶을 살았을 것이 분명하다. 그러나 매그위치는 결국 핍을 신사로 만들어 옆에 두고 살겠다는 자신의 소원을 이루지 못한다. 미스 하비셤은 에스텔라를 통해 이루려던 것을 이루지 못하고, 에스텔라마저 자신을 떠난 채 불행하고

외로운 인생을 마무리한다. 에스텔라는 미스 하비셤이 남자들에게 냉정하라고 가르친 대로 그녀에게 냉정하게 대하고 돌아선다.

> "너무 거만해, 너무 거만해!" 하비셤 아씨가 한탄하며 하얗게 센 머리칼을 양손으로 쓸어 넘기고, 에스텔라는 계속 반박했다. "저에게 거만하게 행동하도록 가르친 사람이 누구죠? 제가 거만하게 굴 때마다 칭찬한 사람이 누구죠?", "너무 냉정해, 너무 냉정해!" 하비셤 아씨가 한탄하며 아까처럼 행동하고, 에스텔라는 계속 반박했다. "저에게 냉정하도록 가르친 사람이 누구죠? 제가 냉정하게 굴 때마다 칭찬한 사람이 누구죠?", "그래서 나한테도 그렇게 거만하고 냉정하게 구는 거냐! 에스텔라, 에스텔라, 에스텔라, 나한테도 그렇게 거만하고 냉정하게 구는 거냐고!" 하비셤 아씨가 날카롭게 소리치며 두 팔을 내밀었다. 에스텔라는 순간 살짝 놀란 표정으로 가만히 바라보는데, 흔들린 기색은 조금도 없었다.(38장)

한을 푸는 것을 목적으로 한 두 인생의 비극은 우리에게 깊은 깨달음을 준다. 우리는 살면서 수많은 일들을 겪는다. 상처도 받고 한도 생긴다. 그러나 그런 상처와 한이 우리의 인생을 이끌게 둬서는 안 된다. 유명한 웨스트민스터 소요리문답 첫 번째 질문은 '인간의 제일 되는 목적은 무엇인가'이다. '하나님을 영화롭게 하며 영원토록 그를 즐거워하는 것이다'가 그 답변이다. 종교에만 빠져 있으라는 의미가 아니다. 창조하신 하나님을 기억하며 그 분 안에서 우리 인생의 목적을 발견하라는 말이다. 하나님 안에서 아브라함처럼, 모세처럼, 바울처럼 그분의 구원의 계획에 동참하여 인생을 살아가는 것이 우리의 삶을 가장 아름답게 만든다는 뜻이다. 하나님은 온 세상을 충만하게 하려고, 즉 온 세상을 회복하여 하나님 나라가 도래하게 하기 위하여, 더 쉽게 말하면 이 땅이 좀 더 살기 좋은 땅이 되게 하려고 우리를 다양한 인생의 목적과 사명으로 부르신다.

> '내리셨던 그가 곧 모든 하늘 위에 오르신 자니 이는 만물을 충만하게
> 하려 하심이라 그가 어떤 사람은 사도로, 어떤 사람은 선지자로, 어떤 사
> 람은 복음 전하는 자로, 어떤 사람은 목사와 교사로 삼으셨으니 이는 성
> 도를 온전하게 하여 봉사의 일을 하게 하며 그리스도의 몸을 세우려 하
> 심이라'(엡 4:10~12)

매그위치와 미스 하비셤이, 에스텔라와 핍이 그들의 재능과 재산과 열정
으로 이렇게 하나님의 비전을 목적 삼아 살았다면 이 세상은 얼마나 아름다
워질 수 있었겠는가, 또 그들 자신은 행복한 삶을 누리지 않았겠는가?

진정한 신사는 성숙한 그리스도인이다

핍의 매형 조는 어릴 때 친구이자 동료이자 보호자였으며, 신사 수업을
받으면서는 멀리했던 죄책감의 대상이었으며, 전반적으로는 늘 동경과
존경의 대상이었다. 핍은 작품의 후반부에서 모든 것을 잃어버린 자신의
구원자가 되어준 매형을 고귀한 그리스도인(gentle christian man)이라고 부른
다. 이 호칭은 신사(a gentleman) 사이에 그리스도인이라는 말을 삽입한 독
특한 호칭이다. 번역은 다양할 수 있지만 여기서 참고한 번역으로는 '참
그리스도인 다운 이 고결한 사람'이다.

영국 신사하면 우리는 멋진 정장에 행커칩, 깔끔하게 정돈된 헤어스타
일, 다소 고급진 영국식 영어에 여성을 배려하는 매너, 멋진 댄스 실력에

귀족 같은 교양의 면모 등을 떠올린다. 작품 안에서 핍은 유산 상속자의 뜻에 따라 매슈 포킷 씨의 집에서 여러 친구들과 신사 수업을 받는다. 그러나 그들은 사치스러운 생활을 즐기며, 사교 클럽에서 무의미한 쾌락의 시간을 보내고, 주변 사람들과 자신을 경계 짓는 일에만 익숙해진다. 그들이 배우는 교양과 매너, 그들이 갖춘 복장과 헤어스타일은 그저 껍데기 신사에 불과하다. 그들이 하는 짓들이란 인류에 하등 도움이 안 되는 일들이었다. 핍도 신사 교육을 받으며 고향 동료들과 거리를 두게 되고, 사치스러운 생활에 익숙해져서 많은 빚을 지게 된다. 에스텔라를 차지한 벤틀리 드러믈 같은 속물 신사들과 별반 다르지 않은 생활을 하게 된다. 그는 소중한 재물을 무가치한 일에 사용하고, 소중한 사람들에게 상처만 입힌다. 그러나 그가 매그위치를 만나고, 유산이 자신에게 가져온 변화를 되짚어보면서 다음과 같은 결론에 이른다.

과거의 상처와 아픔을 너그러이 받아들이며 용서하고(주정뱅이 아버지에 대해), 타인에 대한 긍정적인 평가를 잃지 않으며(폭력적이고 거친 아내에 대해), 자신의 삶의 자리에 대해 감사함으로 받아들이고 그 자리를 사랑하며(자신의 고향과 대장장이의 삶에 대해), 섭섭하고 어려운 일이 있어도 타인에 대한 배려를 잊지 않는(자신을 부끄럽게 여기며 멀리한 핍에 대해) 매형 조 가저리야 말로 진정한 그리스도인이며, 진정한 신사라는 것이다. 그는 참 그리스도인다운 고결한 사람이었다. 대장장이 조는 궁핍한 환경에서도 굶주리는 인간에게 관대하다.

1877년 《위대한 유산》 영국 가정판에 F. A. 프레이저가 그린 목판화 '새티스하우스에서 허버트 포킷을 만난 핍'.

내 죄수가 우울한 표정으로 매형한

테 눈길을 돌리더니, 나에게는 눈길을 조금도 안 주면서 계속 말했다. "바로 당신이 대장장이 양반이오? 그렇다면 미안한 말이지만 내가 당신네 파이를 모두 먹어치웠소." "어이쿠, 그런 건 아무래도 괜찮소." 매형이 대답하더니, 조 부인을 떠올리면서 덧붙였다. "그 파이가 내 거라면 말이오. 당신이 무슨 짓을 했는지 모르겠지만 같은 인간이 굶어 죽도록 할 순 없지요. 그렇지 않니, 핍?"(5장)

'땅에는 언제든지 가난한 자가 그치지 아니하겠으므로 내가 네게 명령하여 이르노니 너는 반드시 네 땅 안에 네 형제 중 곤란한 자와 궁핍한 자에게 네 손을 펼지니라'(신 15:11)

대장장이 조는 자신의 인생을 힘들게 한 아버지를 원망하지 않는다.

1898년 발행된 《위대한 유산》에 그린 찰스 그린의 삽화 '자신이 때린 남자를 바라보는 대장장이 조 가저리와 처남 핍'.

매형은 깊이 생각하는 표정으로 불을 쑤시다가 멈추더니, 나를 쳐다보며 덧붙였다. "그래서 더는 배울 수 없었단다, 핍", "그렇군요, 불쌍한 매형!" 매형은 부지깽이로 벽난로 쇠막대를 판사처럼 한두 차례 툭툭 치며 말했다. "하지만 해야 할 의무를 다했다는 측면에서, 사람과 사람 사이에 정의를 공평하게 베풀었다는 측면에서, 우리 아버지는 마음씨가 착한 사람이었어. 이해하니, 핍?" 나는 이해할 수 없지만 아무 말도 안 했다. 매형이 계속 말했다. "으음! 누군가는 생계를 꾸려나가야 하는 거야, 핍. 아니면 생계를 꾸려나갈 수가 없어,

이해하니, 핍?" 나는 알아듣고서 그렇다고 대답했다. "결과적으로 우리 아버지는 내가 일하러 가는 걸 반대하지 않았어. 그때 시작한 일이 지금 하는 천직이야. 아버지도 똑같은 일을 했지만 중간에 그만두고, 나는 꾹 참으며 열심히 일했어, 핍. 그러다 보니 나는 아버지를 부양하게 되었어. 결국엔 뇌졸중 발작으로 돌아가시더군. 나는 묘비에 이런 글귀를 새기 고 싶었어. '이분에게 어떤 결점이 있든, 마음만은 착했다는 사실을 기억 하라.'"(6장)

'형제들아 서로 원망하지 말라 그리하여야 심판을 면하리라 보라 심판 주가 문 밖에 계시니라'(약 5:9)

대장장이 조는 타인의 행복을 바라며 축복한다. 핍이 유산을 받고 신사 수업을 위해 자신의 대장간을 떠날 때에도 그는 기꺼이 도제계약을 파기 하고, 그를 부러워하거나 시기하지 않고, 자신의 손해를 계산하지 않고 그 를 보내준다.

"명예와 행복을 위해서라면 핍은 언제든지 도제 일을 그만둘 수 있습니 다. 하지만 어릴 적에 대장간으로 찾아온 아이를, 이후로 누구보다 친하 게 지내온 친구를 잃는 걸 돈으로 보상할 수 있다고 생각하신다면…!" 아, 소박하고 선량한 우리 매형, 나는 은혜도 모르고 그렇게 가볍게 떠나 려고 했건만, 대장간 일로 단련된 근육질 팔로 눈물을 훔치고 드넓은 가 슴을 들썩이며 나지막한 목소리로 말하던 매형 모습이 오늘도 눈에 선 하게 떠오릅니다. 아, 소박하고 선량하고 진실하고 부드러운 매형, 그런 매형이 다가와서 내 팔을 움켜잡고 부르르 떨던 사랑스러운 손을 나는 오늘도 천사가 부스럭거리는 날개처럼 엄숙하게 느낀답니다!(18장)

'사랑은 오래 참고 사랑은 온유하며 시기하지 아니하며 사랑은 자랑하지 아니하며 교만하지 아니하며 무례히 행하지 아니하며 자기의 유익을 구하지 아니하며 성내지 아니하며 악한 것을 생각하지 아니하며 불의를 기뻐하지 아니하며 진리와 함께 기뻐하고 모든 것을 참으며 모든 것을 믿으며 모든 것을 바라며 모든 것을 견디느니라'(고전 13:4~7)

대장장이 조는 자신의 삶과 운명을 감사함으로 받아들인다. 그리고 최선을 다한다. 그는 사람들이 다양한 재능을 가지고 다양한 상황에서 살아간다는 것을 받아들인다. 그는 비교하고 열등감을 느끼고, 시기하고 질투하는 불행과 거리가 멀다. 자신의 길을 묵묵히 가는 멋진 마이웨이형 인간이다.

"핍, 오랜 친구, 인생살이에는 다양한 구분이 있다고 말하고 싶네. 어떤 사람은 쇠를 다루고 어떤 사람은 양철을 다루고 어떤 사람은 황금을 다루고 어떤 사람은 구리를 다루지. 인생살이에는 이런 구분이 있을 수밖에 없고, 따라서 그대로 받아들일 수밖에 없어. 오늘 실수가 있었다면 모두 내가 잘못한 거야. 자네와 나는 런던에서 만나면 안 되는 사람이야. 우리만 아는 은밀한 공간 밖에서는, 친구들이 이해하는 공간 밖에서는 만나지 말아야 할 관계. 앞으로 자네는 이런 옷차림으로 나를 두 번 다시 못 만날 텐데, 그건 자존심 때문이 아니라 서로 올바른 자리에 있길 바라기 때문이야.

나는 이런 옷이 안 어울려. 대장간과 주방과 습지를 벗어나는 것도 안 어울려. 내가 대장간 옷차림으로 손에 망치를 들거나 파이프를 든 모습은 지금만큼 이상하게 보이진 않을 거야. 가령 네가 나를 보고 싶어서 집으로 찾아와 대장간 창문으로 머리를 집어넣고 거기에서 대장장이 조가 불에 그슬린 앞치마 차림으로 오래된 모루에 망치질하며 열심히 일하는 모습을 본다면 지금처럼 이상하게 보이지도 않겠지. 나는 끔찍하게 우둔하지만, 오늘 여기에서 내린 결론이 올바르길 바란다. 그러니 너에게 하느님 은총이 가득하길, 오랜 친구, 우리 핍. 하느님 은총이 가득하길!"

1867년 솔 아이틴지가 《위대한 유산》 다이아몬드 에디션에 그린 목판화 삽화 대장장이 조와 조 가저리 부인.

내가 매형에게서 티끌 하나 없는 위엄을 발견한 건 착각이 아니었다. 이런 말을 하는 동안 매형 옷차림도 더는 이상하지 않았다. 하늘이 내린 의상 같았다. 하지만 매형은 나에게 다가와서 이마를 살짝 매만지고 밖으로 나갔다. 나는 정신을 차리자마자 밖으로 급히 쫓아가서 사방을 둘러보았지만, 매형은 이미 사라지고 없었다.(27장)

'은사는 여러 가지나 성령은 같고 직분은 여러 가지나 주는 같으며 또 사역은 여러 가지나 모든 것을 모든 사람 가운데서 이루시는 하나님은 같으니 각 사람에게 성령을 나타내심은 유익하게 하려 하심이라'(고전 12:4~7)

대장장이 조는 자신을 서운하게 했던 핍을 끝까지 사랑하며, 용서를 구하는 핍에게 아낌없이 용서를 베푼다.

"그리고 이제, 비록 나는 두 분이 친절한 마음으로 이미 그랬다는 사실을 알지만, 두 분 모두 나를 용서한다고 말해주세요! 제발 부탁입니다.

두 분이 용서한다고 하는 말을 듣고 그 목소리를 가슴에 품고 싶어요. 그러면 언젠가는 나도 믿음직한 사람이, 훨씬 좋은 사람이 될 거라 생각할 수 있을 거예요!" "아, 친애하는 핍, 오랜 친구. 내가 너를 용서한다는 건 하느님이 아셔, 용서할 게 조금이라도 있다면!"(58장)

'누가 누구에게 불만이 있거든 서로 용납하여 피차 용서하되 주께서 너희를 용서하신 것 같이 너희도 그리하고'(골 3:13)

대장장이 조는 결국 최종적인 승리자다. 시골과 도시에서 모든 것을 경험하고, 수많은 사람을 만났던 핍은 매형을 가장 위대한 신사로 회고한다. 그는 다른 사람까지 변화시키는 진정한 영향력의 소유자다. 그리스도의 향기로 다른 사람까지 향기롭게 만드는 위대한 그리스도인이었다. 진정한 신사는 하나님의 말씀을 신뢰하며, 그 말씀을 따라 살아가며, 하나님의 복을 누리는 행복한 그리스도인이다. 그는 불행한 사고로 아내를 잃었지만, 현명하고 아름다운 성품을 가진 비디와 결혼한다. 그리고 행복하게 살아간다.

이야기를 계속하다 보면 나오겠지만, 내가 그럴 수 있었던 건 모두 매형 덕분이다. 몰래 도망가서 군인이나 뱃사람이 안 된 건 내가 충실해서가 아니라 매형이 충실해서다. 내가 불만을 꾹 참으며 나름대로 열심히 일한 건 내가 성실해서가 아니라 매형이 성실해서다. 상냥하고 정직한 마음으로 할 도리를 다하는 사람이 세상에 얼마나 커다란 영향을 미치는지는 모르겠다. 하지만 바로 옆 사람에게 어떤 영향을 미치는지는 충분히 알 수 있으며, 따라서 내가 도제로 일할 때 좋은 점이 조금이라도 있었다면 자신에게 주어진 모든 것에 만족하며 순박하게 사는 매형 때문

이지, 불만이 가득한 채 다른 생활을 끊임없이 갈망하는 나 때문이 아니다.(14장)

대장장이 조는 교육도 못 받고, 천한 직업을 가졌고, 때로는 사람들에게 무시를 당하기도 했다. 하지만 참으로 놀라운 영향력을 가진 아름다운 신사, 고결한 그리스도인이었다. 그의 영향력은 핍을 변화시킨다. 정신을 차린 핍은 인생의 모델로 매형 조를 택한다. 그리고 용서하고, 사랑하고, 베풀고, 변화시킨다. 한을 푸느라 인생을 망쳐 버린 미스 하비셤과 매그위치의 인생을 어루만지고 아름답게 마무리하게 만들어준다. 변화된 핍은 자신에게 상처만 한 가득 안기고 속물인 벤틀리 드러믈과 결혼한 에스텔라도 축복한다. 자신에게 준 모든 상처도 용서한다. 그렇게 함으로 자신을 망치는 불행한 삶에서 벗어난다.

"네 생각이 싹 사라진다고? 너는 내 몸뚱이 일부야, 나 자신의 일부라고. 거칠고 천박한 모습으로 여기에 처음 와서 너에게 깊은 상처를 받은 이래, 나는 글을 읽을 때마다 네 모습을 보았어. 어디를 바라보든 네가 보였어, 강에서도, 배가 내건 돛에서도, 습지에서도, 구름에서도, 햇빛에서도, 어둠에서도, 바람에서도, 숲에서도, 바다에서도, 거리에서도. 내가 우아한 상상을 떠올릴 때마다 너는 언제나 거기에 있었어. 네가 나에게 미친 영향은 런던에서 가장 튼튼한 건물을 쌓아올린 주춧돌보다 단단해. 그건 도저히 사라질 수 없어, 앞으로 영원히.

너는 내가 삶을 마감하는 순간까지 내 마음에 남을 수밖에 없어, 에스텔라, 일부는 좋은 내용으로 일부는 나쁜 내용으로. 하지만 이제 헤어지는 마당이니 좋은 내용만 떠올리겠어. 그래서 언제나 너를 생각하겠어, 지금 당장은 극심한 고통에 시달리지만 너는 나에게 나쁜 행동보다 좋

은 행동을 훨씬 많이 했으니까. 아, 하느님이 축복하시길, 하느님이 용서
하시길!"(44장)

변화된 핍은 복수의 화신 미스 하비셤을 변화시킨다. 그녀는 핍 앞에서
자신의 모든 인생을 후회하며 진정으로 회개하고 용서를 구한다. 우리는
자신의 잘못을 깨닫고 그것을 인정하는 것이 얼마나 어려운 일인지 알고
있다. 핍을 통해 미스 하비셤은 그 어려운 일을 하게 되었다. 그리고 남은
재산으로 핍의 친구 허버트와 선한 친척을 돕는다. 행복한 결말이다.

"제일 앞에 내 이름이 있다. 내 이름 밑에다 '나는 이 여인을 용서한다'고
적을 수 있다면, 찢길 대로 찢긴 이 가슴이 흙으로 돌아가고 오랜 세월
이 흐른 뒤라도 그렇게 해 주렴!" …
　"아! 내가 무슨 짓을 한 거야! 내가 무슨 짓을 한 거야!", "저에게 상처
를 주었다고 이러시는 거라면, 제가 대답하
겠는데, 그런 건 조금도 없습니다. 어차피
저는 어떤 상황이든 에스텔라를 사랑할 수
밖에 없었으니까요. 에스텔라는 결혼했나
요?", "그래." 물을 필요도 없었다. 적막한 집
에 새롭게 깃든 적막감이 그걸 알려주었다.
하비셤 아씨가 두 손을 비틀고 백발을 쥐어
뜯으며 다시 울부짖고 또 울부짖었다. "아!
내가 무슨 짓을 한 거야! 아! 내가 무슨 짓
을 한 거야! 아! 내가 무슨 짓을 한 거야!"
나는 어떻게 대답해야 좋을지도 어떻게 위
로해야 좋을지도 몰랐다. 하비셤 아씨가 감

1901년 《위대한 유산》 임페리얼 에디션
에 H. M. 브록이 그린 미스 하비셤과 핍과
에스텔라.

수성이 예민한 아이를 데려다가 사무친 원한과 버림받은 애정과 상처받은 자존심에 복수할 도구로 만드는 뼈아픈 잘못을 저질렀다는 사실은 나도 충분히 잘 안다. 하지만 햇빛과 함께 다른 모든 걸 차단하고 은둔 생활을 시작하면서 자연스럽게 치유할 과정을 모두 외면하고, 창조주가 정한 질서에 어긋난 사람은 누구나 그럴 수밖에 없는 것처럼 혼자 곰곰이 생각하다가 마음 역시 병들어 갔다는 사실 역시 나는 잘 안다. 그런데 황폐하게 변한 모습 자체에, 자신이 발을 디디고 사는 세상에 조금도 적응을 못 하는 모습 자체에, 덧없는 슬픔과 덧없는 후회와 덧없는 연민과 덧없는 자기비하를 비롯해 다양하게 덧없는 행위로 세상이 저주가 되어버린 끔찍한 모습 자체에 벌을 받는다는 사실이 또렷이 보이는데, 내가 어떻게 동정하는 눈으로 바라보지 않을 수 있단 말인가? …

"요 전날, 네가 에스텔라에게 말하는 모습에서 나 자신이 예전에 느낀 고통을 그대로 보기 전까지 나는 내가 무슨 짓을 저질렀는지 몰랐어. 아! 내가 무슨 짓을 한 거야! 아! 내가 무슨 짓을 한 거야!" 하비셤 아씨는 스무 번이고 쉰 번이고 자신이 무슨 짓을 한 거냐며 울부짖고 또 울부짖었다. 그래서 나는 소리가 잦아들 때까지 기다리다가 이렇게 말했다. "하비셤 아씨, 저에 대한 죄책감은 마음과 양심에서 지워도 됩니다. 하지만 에스텔라는 다릅니다. 에스텔라에게서 올바른 본성을 제거하는 잘못을 조금이라도 돌이킬 수 있다면 수백 년을 슬퍼하는 편보다 그렇게 하는 편이 훨씬 좋을 겁니다". "그래, 그래, 나도 알아. 하지만 핍…. 아, 얘야! 이것 하나는 믿어다오. 에스텔라가 처음 왔을 때만 해도 내가 의도한 건 나처럼 비참한 처지가 안 되도록 하는 거였어. 처음에는 그게 전부였어." 나에 대한 애정이 새롭게 묻어나오면서 여성 특유의 동정심이 솔직하게 드러나는 어투였다. "그래요, 그래요! 저도 그러길 바랍니다". "하지만 에스텔라가 성장하면서 아름다운 자태가 드러나자 나는 조금씩 나쁜 길로 엇나가, 다양한 칭찬과 다양한 보석과 다양한 교훈과 이렇게 돌변한 나 자신을 생생하게 보여주며 내가 가르친 내용을 강조하고 경고하는 식으로 에스텔라 마음을 훔쳐내고 그 자리에 차가운 얼음덩이를 넣었어." …

"내가 무슨 짓을 한 거야!" 그리곤 "에스텔라가 처음 왔을 때만 해도 내가 의도한 건 나처럼 비참한 처지가 안 되도록 하는 거였어" 그리곤 "내 이름 밑에다 '나는 이 여인을 용서한다'고 적어" 하고 말했다.(49장)

변화된 핍을 통해 매그위치는 행복한 임종을 맞는다. 그의 모든 상처는 복수로 치유된 것이 아니다. 유산으로 신사를 만들어 세상에 보여주는 것으로도 아니다. 조를 따르는 핍의 사랑과 배려로 치유된다. 죽어가는 사형수를 버리지 않는 핍의 사랑은 평생 굳어 있던 그의 마음을 녹인다.

그러더니 내가 침대 맡에 앉자마자 이렇게 말했다. "친애하는 핍, 네가 늦는다고 생각했어. 네가 그럴 리 없다는 걸 잘 알면서도 말이야", "최대한 빨리 들어온 거예요. 대문 앞에서 오랫동안 기다렸어요", "그래, 너는 언제나 대문 앞에서 기다리지, 그렇지 않니, 친애하는 핍?", "맞아요, 단 한 순간도 안 놓치려고요", "고맙구나, 친애하는 핍, 고마워. 하느님 은총이 가득하길! 너는 나를 버린 적이 한 번도 없어, 친애하는 핍." 나는 아무 말도 못 하고 아저씨 손을 꼭 잡았다. 예전에 아저씨에게서 도망치려고 한 걸 잊을 수 없었기 때문이다. "무엇보다 좋은 건 햇살이 환하게 비출 때보다 어두운 먹구름이 가득 몰려든 다음부터 나를 훨씬 편하게 대한다는 거야. 그게 제일 좋아."(59장)

변화된 핍은 자신에게 상처를 주고 속물과 결혼하여 비참한 상태에 있는 에스텔라를 주님의 이름으로 축복한다. 매형 조가 자신에게 그랬던 것처럼.

"하지만 너는 나에게 '하느님이 축복하시길, 하느님이 용서하시길!' 하고 말했어. 당시에 나에게 그렇게 말할 수 있다면 지금도 나에게 그렇게 말할 수 있을 거야. 지금은 고통이 무엇보다 강력한 스승이란 사실을 깨닫고, 그래서 네가 예전에 품은 마음을 충분히 이해하게 되었으니 말이야. 그동안 나는 이리 휘고 저리 부러졌지만 좋은 쪽으로 변했길 바랄 뿐이야. 네가 예전처럼 나를 동정하고 너그럽게 대하면, 그래서 아직도 우리가 친구라고 말하면 고맙겠어",
"그래 우린 친구야" 나는 그녀가 의자에서 일어날 때, 함께 일어나서 그녀에게 몸을 굽히며 말했다.(59장)

1867년 솔 아이틴지가 《위대한 유산》 다이아몬드 에디션에 그린 목판화 삽화 펌블추크와 워슬.

고향에서의 에스텔라를 사랑하던 어린 시절,
대장장이의 도제였던 핍(1부)

이 작품은 핍이라는 주인공이 자신을 회고하며 시작한다.

> 우리 아버지의 성은 피럽이고 내 세례명은 필립이었는데 어린아이 적
> 내 짧은 혀는 이 이름과 성을 '핍' 이상으로 길게도 분명하게도 발음하
> 지 못했다. 그래서 나는 늘 내 이름이 핍이라고 말했고, 그 결과 나는 핍
> 이라고 불리게 되었다.

부모님은 죽고 우악스런 누나의 가정에서 살던 핍은 어느 날 저녁 부모
님이 묻혀 있는 교회 묘지에 갔다가 습지대에 은신하고 있는 험악한 죄수
에게 붙잡힌다. 그가 시키는 대로 집에서 음식과 줄칼을 훔쳐다가 바친다.
누나에게 걸릴까봐 두렵고, 도둑질에 대한 죄책감을 느꼈다. 얼마 후 죄수
는 군인들에게 잡혔다. 핍은 대장장이였던 매형 조의 도제가 될 예정이었
는데, 매형 조는 불행한 가정사를 가진 인물이었지만, 괴팍한 성격의 아내
까지 긍정적으로 묘사하는 훌륭한 인격의 소유자였다.

핍은 얼마 후 동네 상인 펌블추크를 통해 미스 하비셤이라는 부유한 여자의 저택에서 놀아주는 일을 하게 되었다. 그녀는 돈이 많지만 소름 끼치는 사람이었다. 그녀의 집안은 결혼식이 멈춰 있는 상태로 유지되어 있었다. 그녀 역시 노랗게 바랜 드레스를 비쩍 마른 몸에 걸치고 있었다. 모든 시계는 9시 20분 전에 멈춰 있었다. 그녀는 양녀 에스텔라라는 예쁜 여자아이를 불러 카드놀이를 시켰는데, 그 여자아이는 핍에게 모욕감을 주었다. 핍은 굴욕감, 상처, 불쾌감, 서글픔 같은 감정을 느꼈다. 핍은 그날부터 자신을 무지하고 비천한 존재로 여기기 시작했다. 누나는 핍이 그 저택의 재산을 받게 될 것이라고 기대했다. 핍은 매형 조에게 자신의 마음을 토로했고, 그는 핍이 이미 고상하고 훌륭한 점이 많다고 위로했다. 이제 핍은 자신을 좀 더 비범하게 만들기 위해 노력하고, 똑똑한 친구 비디에게 모든 것을 배우기로 결심했다. 하루는 술집에서 자신이 훔쳐다 준 줄칼을 가진 남자를 만났고, 그는 2파운드를 핍에게 주었다.

그는 계속 미스 하비셤의 집에 갔고 그렇게 10개월 동안 그 집을 다녔다. 그녀는 '그들의 가슴을 찢어 놓아라. 내 자랑이자 희망인 에스텔라야! 그들의 마음을 사정없이 찢어 놓아라'(12장)라고 주문했다. 사랑에 실패한 그녀는 에스텔라를 양녀 삼아 남자들에게 복수하고 있었던 것이다. 에스텔라의 아름다움과 화려한 생활을 동경하는 핍은 대장간 생활이 지겨워졌다. 어떤 일을 해도 에스텔라가 그의 마음에 있었다. 너무나 선하고 예쁜 여성으로 성

1873년 촬영한 찰스 디킨스의 아들 찰스 디킨스 주니어. 허버트 포킷의 모델로 알려져 있다.

장하고 있었던 비디가 핍에게도 매우 마음에 들었지만, 그에게는 화려한 에스텔라밖에 보이지 않았다. 핍은 자신을 좋아하는 비디에게 에스텔라를 사랑한다고 고백하고 말았다. 그는 에스텔라를 차지하기 위해 신사가 되고 싶었다.

핍이 도제가 된 지 4년 째 되던 해, 전에 미스 하비셤의 집에서 만난 적이 있는 낯선 신사가 핍을 찾아와서 누군가가 막대한 유산을 핍에게 남겼다는 놀라운 소식을 전했다. 그는 재거스라는 변호사였는데 조와의 도제관계를 공식적으로 파기했고, 핍은 유산을 받기 위한 조건인 신사 교육을 받기 위해 런던으로 간다. 조와 비디는 핍이 떠나는 것을 슬퍼했다. 핍의 마음은 복잡했지만, 빨리 대장간을 떠나고 싶었다. 핍은 미스 하비셤이 유산을 준 사람이라고 생각했고, 자신이 신사가 되어 에스텔라와 결혼하게 될 것이라는 희망에 부푼다.

> 그리하여 나는 그대로 계속해서 갔다. 안개는 이제 완전히 걷혔으며, 드넓은 세상이 내 앞에 엄숙하게 펼쳐져 있었다. (19장)

신분상승에 대한 욕망으로 타락하며
사랑에 괴로워하는 청년시절(2부)

그는 신사 교육을 받으러 런던 매슈 포킷 씨의 집으로 간다. 그의 아들 허버트는 과거에 핍에게 얻어맞았던 어린 신사였고, 그도 핍을 알아봤다. 매슈 포킷은 미스 하비셤의 사촌이었다. 핍은 그에게서 미스 하비셤과 에스텔라에 대한 이야기를 들었다. 미스 하비셤에게는 사랑하는 사람이 있었는데, 결혼식이 열리기로 한 날 그가 나타나지 않았다는 것과 그녀의 이복동생이 그 사람과 짜고 그녀의 재산을 노리고 사기를 친 것과 그녀가 모든 남성들에게 복수하려고 에스텔라를 양녀로 삼았다는 것을 들었다.

핍은 주로 아이들에게 가르치는 일을 했던 포킷 씨의 집에서 배우며 지내게 되었다. 드러믈과 스타톱이라는 신사교육생들이 이미 그의 집에 와서 공부를 하고 있었다. 그는 공부도 하긴 했지만, 부유한 사람들의 도시 생활에 적응하며 점점 과소비에 물들어갔다. 그러던 중 고향 친구 비디에게서 매형 조가 자신을 방문한다는 편지가 왔다. 핍은 분노어린 창피함의 감정을 느꼈다. 조는 옷을 차려입고 방문하여 외국으로 떠났던 에스텔라가 돌아왔다는 소식만 전해주고, 상처를 받고 돌아갔다. 핍은 그녀를 만나러 고향에 가다가 자신에게 2파운드를 주었던 그 죄수가 종신 유형수가 되었다는 말을 들었다. 그는 고향에 도착해서 자기의 이야기가 신문에 실린 것도 보았고, 펌블추크가 핍의 최초의 후원자이자 친구라고 떠들고 다닌다는 소식도 듣게 되었다.

미스 하비셤이 자신에게 유산을 남겼으며 에스텔라와 결혼하길 바라는 것이라 생각한 핍은 너무나 아름다워진 그녀를 만났다. 핍은 그녀에게 완전히 매료되었는데, 그녀는 자신에게 심장이 없다고 말했다. 핍은 그녀에게 거리감을 느끼고, 그녀를 만나면 불안해졌지만, 그녀에게서 벗어날 수 없었다. 그녀가 런던

1877년 《위대한 유산》 영국 가정판에 F. A. 프레이저가 그린 목판화 '싸우는 매그위치와 콤피슨'.

으로 오게 되었다. 핍은 그녀와 함께 있는 것이 너무나 좋았지만, 그녀와 자신이 누군가의 조종을 받는 꼭두각시 같다는 생각이 들었다. 에스텔라는 미스 하비셤의 꼭두각시였고, 자신은 유산을 준 사람의 꼭두각시였다.

핍에게 유산은 점점 더 부정적인 영향을 끼쳤다. 그의 소비는 늘어났으며, 사교클럽에 가입했으나 행복하지 않았다. 친구 허버트와 가입한 사교클럽에는 돈 빼고는 아무 것도 없는 벤틀리 드러믈이 있었다. 허버트는 사업에서의 대박을 꿈꾸며 낭비가 심해졌고, 핍도 낭비로 많은 빚을 지게 되었다. 그러다가 누나의 부고장이 날아왔다. 누나의 장례식을 통해 핍은 더욱 조에 대한 죄책감을 느꼈으며, 비디와도 큰 거리감을 느꼈다. 핍은 큰 상처를 받았다. 물론 조와 비디도 이전부터 많은 상처를 받았다.

핍은 법적으로 성인이 되었고, 자신의 유산의 일부를 사업을 소망하는 친구 허버트에게 투자했다. 핍과 에스텔라는 함께 미스 하비셤에게 가게 되었다. 이번 만남에서 에스텔라는 처음으로 양어머니 미스 하비셤에게

2011년 BBC에서 방영된 TV 시리즈 <위대한 유산>에서 핍 역을 맡은 더글라스 부스의 스틸 컷.

냉정한 태도를 보였다. 그녀는 밤새 유령처럼 걸어 다니며 비명을 질렀다. 그리고 에스텔라가 쓰레기 같은 껍데기 신사 벤틀리 드러믈과 데이트를 한다는 사실에 핍도 큰 충격을 받았다.

어느 폭풍이 휘몰아치던 날 핍에게 상속을 약속한 은인이 나타났다. 그는 바로 어릴 때 자신에게 음식과 줄칼을 요구했던, 술집에서 2파운드 지폐를 동료를 통해 건네주었던 매그위치(가명 프로비스)라는 죄수였다. 그는 여러 차례 감

옥을 들락날락 하다가 유형지에 가게 되었고, 여러 가지 일로 돈을 벌어서 그 돈으로 핍을 신사로 만들어 자신의 한을 풀 생각이었던 것이다. 그는 이제 신사가 된 핍을 바라보면서 여생을 살고 싶어서 유형지를 탈출하여 런던으로 온 것이다.

> 그리고 비바람은 칠흑 같은 어둠의 장막을 더욱더 어둡고 음산하게 만들고 있었다.(39장)

진정으로 중요한 유산은 무엇인지 깨닫고
성숙하는 성년시절(3부)

핍은 이제 돌아온 친구 허버트와 함께 은인을 숨겨줘야 할 형편이 되었다. 그는 매그위치의 불행한 인생에 대해 듣게 되었다. 그는 불행한 인생을 살면서 절도로 감옥을 드나들다가 콤피슨이란 불량한 사람과 만나 일하게 되었고, 절도 은행권 유통죄로 재판을 받게 되었는데 교활한 그가 쳐놓은 덫에 걸려 자신만 억울하게 높은 형량을 받았던 것이다. 매그위치는 복수심에 불타서 소설 첫 부분에 나오는 장면인 감옥선에서 탈출했을 때 콤피슨을 두들겨 팼고, 종신유배형을 받았던 것이다. 핍의 미래는 암울해졌다. 콤피슨이 살아 있다면 매그위치를 그냥 두지는 않을 것이라는 불행한 예감이 들었다. 숙소를 잡아 은신하고 있는 그가 붙잡힌다면 모든 게 끝이었다. 더욱 놀라운 것은 콤피슨이 미스 하비셤의 연인 행세를 하며 그녀를 비참하게 만든 바로 그 사기꾼이었고, 함께 사기를 치던 동업자가 바로 그녀의 이복동생 아서였다는 사실이다.

핍은 에스텔라를 만나러 미스 하비셤에게 가서 먼저 친구 허버트의 사업을 아무도 모르게 도와달라고 부탁했다. 그리고 에스텔라에게 처음 본 순간부터 사랑했다고 말했다. 그러나 그녀에게 속물 중의 속물인 벤틀리 드러믈과 결혼할 예정이라는 충격적인 사실을 듣게 된다. 핍은 런던으로 돌아와서 콤피슨이 매그위치를 찾고 있다는 소식을 듣고, 그를 탈주시킬 계획을 세운다. 핍은 매그위치 때문에 날마다 불안했다. 빚 독촉이 있었지만, 핍은 더 이상 은인에게 돈을 받지 않았다. 콤피슨이 결국 핍과 일행의 꼬리를 밟았고 위기가 찾아왔다. 그러던 중 핍은 상속을 담당한 변호사 재거스의 집 하녀가 에스텔라의 엄마라는 사실을 알게 된다.

핍은 미스 하비셤의 요청을 받고 그녀의 집에 갔다. 그녀는 예전에 요청한대로 허버트에게 900파운드를 주겠다고 약속하며, '나는 그녀를 용서한다'고 자신의 이름 아래에 써 달라고 하며 무릎을 꿇고 핍에게 용서를 빌며 눈물을 흘렸다. 그녀는 자신이 한 짓을 후회했다. 핍은 그녀에게서 에스텔라의 어머니에 대해 들었고, 매그위치가 에스텔라의 아버지였다는 사실도 알게 되었다.

필라델피아에 있는 찰스 디킨스와 리틀 넬의 동상.

허버트의 사업은 잘 되어갔다. 핍은 매그위치의 탈주 계획을 진행하는 중 매형의 대장간에서 함께 일하다가 누나를 죽게 만들었던 올릭이라는 자의 음모로 죽을 뻔한 위기를 겪었으나, 친구 허버트와 스타톱을 통해 구조되었고, 탈주 계획을 실행했다. 그러나 결국 매그위치는 체포되었다. 체포하러 온 배에는 예전의 다른 죄수 콤피슨이 타고 있었다. 매그위치는 콤피슨을 죽이고, 체포되어 사형수가 되고 말았다. 매그위치는 쇠약해져 갔다. 친구 허버트는 사업차 카이로에 가게 되었고, 약혼녀 클래러와 결혼한 후 핍과 같이 살자고 제안했다. 핍은 제안에 감사했지만 보류하고, 진심으로 매그위치에게 최선을 다했다. 핍은 그가 더 좋은 환경에서 성장했더라면 어떻게 되었을까 안타까워했다. 그는 죽어가면서 핍에게 감사했는데, 그것은 자신의 삶에 태양이 비칠 때보다 어두운 구름이 뒤덮였을 때 더 잘 해 주었기 때문이었다. 핍은 그에게 너무나 아름다운 딸이 잘 살아 있으며, 그녀를 사랑한다고 말해 주었다. 그는 평안히 눈을 감았다.

이제 모든 것이 정리되었다. 핍은 열병으로 앓아누웠다. 거기에 그가 과거에 진 빚 때문에 낯선 사람들이 방문했다. 최악의 상황이었다. 그 때 조가 찾아와 병이 나을 때까지 돌봐주었고, 자신의 모든 빚을 청산한 영수증까지 남기고 떠났다. 미스 하비셤은 핍의 부탁대로 매슈 포킷 씨에게 4,000파운드나 되는 유산을 남겼다. 핍은 참회하는 마음으로 비디를 찾아가서 사죄하며 청혼을 하려 했지만, 비디는 매형 조와 결혼했다. 그 부부는 너무 행복하게 살았다. 핍은 허버트와 같이 열심히 일해 빚을 갚았다. 비디와 조는 자녀의 이름을 핍이라고 지었다. 11년 후 핍은 마지막으로 불행한 결혼 생활 끝에 사고로 남편을 잃고 재혼했다는 소문이 들리는 에스텔라가 살던 옛 저택에서 그녀를 만났다. 둘은 서로 여전히 친구임을 확인하고, 손을 잡고 폐허의 장소에서 걸어 나갔다.

나는 그녀의 손을 잡았다. 그리고 우리는 그 폐허의 장소에서 걸어 나갔다. 오래전 내가 대장간을 처음 떠났을 때 아침 안개가 걷혔던 것과 똑같이, 그렇게 저녁 안개가 그 순간 대지 위에서 걷히고 있었다. 그리고 그 안개 밑으로 넓게 펼쳐져 나타난, 고요한 달빛 속의 그 모든 풍경 속에서 나는 그녀와의 또 다른 이별의 그림자를 전혀 보지 못했다.(59장)

06장

신과 단절된 인간들이 만들어내는
상 처 와   복 수 와   파 멸 !

에밀리 브론테《폭풍의 언덕》

(번역본 : 김종길 역, 동서문화사)

인트로 : 셰익스피어와 어깨를 나란히 한 19세기판 비극

누구도 그녀를 막을 수 없었다.

에밀리 브론테(1818-1848)는 참으로 거칠고 짧은 인생을 살았다. 세 살 때 어머니가 암으로 곁을 떠났고, 일곱 살 때 언니들과 함께 기숙학교에 다니다가 첫째와 둘째 언니가 질병으로 세상을 떠났다.《제인 에어》의 작가인 셋째 언니 샬롯과 에밀리는 학교를 그만두어야 했다. 하나뿐인 오빠는 술과 마약에 찌들어 살다가 에밀리보다 조금 먼저 죽음을 맞았다. 상처가 가실 날이 없었을 것 같다. 이후 그녀는 잠시 가정교사도 하고, 언니 샬롯과 벨기에에도 잠시 갔지만, 유난히 고향에 대한 향수를 느껴 30년의 짧은 인생을 이렇다 할 교육도 받지 못하고 집에서 보내게 된다. 그녀는 언니 샬롯과 동생 앤과 함께 어릴 때부터 글

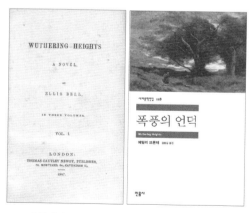

1847년 출간된 《폭풍의 언덕》 초판 표제지. 엘리스 벨이라는 가명으로 출판되었다. 《폭풍의 언덕》(김종길 역, 2005년, 민음사)

쓰기를 하면서 놀았다. 그녀의 아빠는 목회자였고 신앙 안에서 딸들을 키웠다. 아내가 일찍 죽는 불행 속에도 딸들의 교육에 열정을 보여 기숙학교에 보내기도 했다. 하지만 당시 사회 분위기에 따라 딸들이 글쓰기 하는 것을 좋아하지는 않았다고 한다.

에밀리는 몰래 종이로 책을 만들어 자매들에게 읽어주었다고 한다. 시간이 많이 지나도 그녀들의 문학 열정은 식지 않았고 언니와 동생과 함께 세 자매가 자비로 시집을 내기도 했다. 남성들의 이름을 가명으로 써야 했고 거의 팔리지 않았지만, 그녀는 좌절하지 않고 소설을 썼다. 여러 출판사에서 거절당했지만 결국 출판에 성공하는데, 그 소설이 바로 불후의 명작 《폭풍의 언덕》이었다. 언니와 동생도 비슷한 시기에 소설을 출간했고, 대단한 작품으로 인정받게 되었다. 자신의 이름으로 출간할 수도 없었고, 작품 하나만을 남기고 세상을 떠났지만, 누구도 그녀를 막을 수 없었다. 죄악과 상처로 몰락하는 인생들의 심리를 너무나 치밀하게 그려낸 이 작품 한 권으로 그녀는 영국 문학계를 넘어 세계 문학계의 거성이 되었다.

《폭풍의 언덕》은 언덕이 아니다

작품의 제목 《폭풍의 언덕》은 바람이 많이 부는 언덕을 연상시키는데, 사실 언덕을 말하는 것이 아니다. 영어 원제인 Wuthering Heights(바람이 많이 부는 높은 지대라는 뜻)는 언덕의 이름이 아니라 작품 속 사건들이 일어난 언쇼 가문의 저택 이름이다. 작품 안에서는 '워더링 하이츠'라고 음역된다. 화자인 록우스 씨는 작품의 시작 부분에 워더링 하이츠에 대해 이렇게 설명한다.

> 워더링 하이츠란 히드클리프 씨의 집 이름이다. 〈워더링〉이란 이 지방
> 에서 쓰는 함축성이 많은 독특한 형용사로써, 폭풍이 불 때는 그 위치
> 관계상 이 집이 정면으로 그 바람을 받기 때문이었다. 정말 이 집 사람
> 들은 줄곧 그 꼭대기에서 일 년 내내 그 맑고 상쾌한 바람을 쐬고 있을
> 것이다. 집 옆으로 몇 그루의 제대로 자라지 못한 전나무가 지나치게 기
> 울어진 것이나, 태양으로부터 자비를 갈망하듯이 모두 한쪽으로만 가지
> 를 뻗고 늘어선 앙상한 가시나무를 보아도 등성이를 넘어 불어오는 북
> 풍이 얼마나 거센가를 알 수 있으리라.(1장)

이야기가 진행되는 배경으로 또 다른 저택은 린튼(Linton) 가문의 '드러시
크로스(Thrushcross Grange)'인데, '티티새(종달새) 지나는 농원' 혹은 '드러시크

1833년경 브랜웰 브론테가 그린 유화 <에
밀리 브론테>. 다만 에밀리인지 앤인지 의
견이 분분하다.

로스'라고 표기된다. 주인공 히드클리프
는 언쇼씨가 데려다가 키운 집시 아이였
다. 그러나 언쇼 씨의 아들과 딸에게 상처
를 받고 떠났다가, 후에 부자가 되어 복수
심으로 언쇼 가문의 저택 워더링 하이츠
를 차지한다. 후에 자신의 사랑을 빼앗아
간 린튼 가문의 드러시크로스까지 소유하
게 된 상황에서 소설은 시작된다. 소설을
열고 닫는 역할을 하는 록우드씨는 드러
시크로스 저택을 히드클리프에게 세를 얻
어 살면서 두 저택에서 벌어진 상처와 복
수와 파멸의 역사를 엘렌 넬리 딘(두 저택에

^{서 모두 가정부 생활을 함)}이라는 가정부를 통해 전해 듣는다. 소설 전체가 상처와 복수, 파멸이 이어지는 폭풍의 연속이다. '폭풍의 언덕'이라는 번역제목은 끔찍한 일이 일어난 저택의 분위기를 묘사하는 역할을 한다.

신과 단절된 인간들이 만들어내는
상처와 복수와 파멸 이야기

주인공 히드클리프와 캐더린의 불멸의 사랑 이야기? 유명한 작품들이 연극이나 영화로 각색되면서 원작과 많이 벗어나는 일은 늘상 있는 일이다. 그래서 우리는 과연 원작이 무엇을 말하고 있는지에 집중해야 한다. 이 작품은 아름다운 사랑이야기와는 거리가 멀다. 신과 단절된 인간들이 만들어내는 상처와 복수와 파멸의 이야기다. 히드클리프라는 한 사람에 의한 복수극이라고 보기도 어렵다. 우리 주변에서 흔히 볼 수 있는 등장인물들의 치명적인 인격적 결함과 이기적인 선택들이 결합되어 주조된 파멸 이야기다.

작가 에밀리는 어디서 이런 이야기의 아이디어를 얻었을까? 일설에는 집안의 먼 친척의 가정에서 있었던 일을 각색한 것이라고 주장하는 이도 있다. 그 설이 사실이건 아니건 우리는 상처 받은 사람의 비극적인 복수와 파멸의 이야기를 우리 주변에서 많이 접한다. 이 소설은 언쇼 씨가 버려진 집시 아이 히드클리프

린튼의 집인 요크셔의 드러시크로스 저택.

를 리버풀 거리에서 데려와 키운 감동적인 선행으로 시작된다. 그러나 이 선행은 그의 아들 힌들리가 히드클리프를 괴롭힘으로 암울한 결말을 향해 나아간다. 언쇼씨의 딸 캐더린은 히드클리프를 영혼의 단짝으로 여기고 사랑하지만, 결국 많은 것을 잃어버릴까 하여 린튼가문의 에드거와 결혼하고 만다. 히드클리프는 큰 부자가 되었으나 상처로 인해 복수에 집착하며, 결국 주인공 대부분이 파멸에 이른다.

마치 셰익스피어의 4대 비극을 보는 것 같다. 주인공 대부분이 비극적 죽음을 맞는다. 파멸로 끝나는 두 가문의 이야기는 인간의 죄악으로 만들어진 상처가 해결되지 않고 복수로 이어질 때 얼마나 큰 비극을 낳을 수 있는지 여실히 보여준다. 저택의 이름처럼 이 가정에는 폭풍 같은 사건이 쉴 새 없이 일어난다. 그 폭풍 같은 사건들의 배경에는 기독교 국가에서 살아가면서도 신앙생활을 무가치하게 여기는 힌들리와 여러 가족들, 형식적이고 율법적인 신앙을 강요하는 조지프 영감, 성경이라고는 한 번도 보지 않은 히드클리프의 삶이 그려진다. 결국 이들의 문제는 폭력과 따돌림, 배신과 결혼, 복수에 대한 집착이 아니라 신과 단절되어 파멸을 향해 달려가는 인간의 본질적인 죄악이었던 것이다.

1939년 영화 <폭풍의 언덕>에서 히드클리프 역을 맡은 로렌스 올리비에의 홍보 스틸.

하나님 사랑 이웃 사랑이 없는 세상은
모두가 파멸에 이른다

이 작품은 매우 희생적이고 아름다운 사랑이야기로 시작한다. 그리고
아름다운 이야기로 마무리될 수 있었다. 무슨 이야기인가 하니 워더링 하
이츠의 주인 언쇼씨는 사랑이 많은 신앙인이었다. 그는 볼 일이 있어 리
버풀에 갔다가 길에 버려진 집시 아이를 불쌍히 여겨 집에 데려와 키운
다. 이 얼마나 아름다운 시작인가? 그는 데려온 아이 히드클리프를 사랑
하며 아낀다. 이 아이가 가족들과 어우러져 어렸을 때의 상처와 아픔을
딛고, 또 다른 사람을 사랑하는 아름다운 신앙인으로 컸다면 얼마나 아름
다운 이야기로 마무리 되었을 것인가? 그러나 폭풍 같은 파멸의 이야기
가 시작되는 지점에는 언쇼씨의 아들 힌들리가 있다. 그는 자신보다 히드
클리프를 더 사랑하는 아버지를 이해할 수 없었다. 어린 시절 상처를 보
듬으려는 아버지의 넓은 사랑으로 이해했으면 얼마나 좋았을까? 힌들리
는 아버지 몰래 그를 무지막지하게 괴롭혔고, 히드클리프는 이 모든 학대
에서 벗어나기 위해 악한 방식을 하나하나 터득해간다. 힌들리의 어린 나
이와 그의 상처를 생각하면 여기까지는 이해해 줄 만하다. 하지만 아버지

185

언쇼 씨가 죽은 이후에 힌들리는 술과 노름에 빠졌고, 더욱 포악하게 그를 노예취급하며 무시한다. 힌들리의 폭력성과 포악한 인격, 아버지의 재산에 대한 욕심은 이웃 사랑의 자리를 완전히 없애 버렸고 결국 돌이킬 수 없는 파멸의 스토리를 진행시켰다.

히드클리프를 복수의 화신으로 만들어 간 두 번째 원인은 히드클리프와 서로 사랑하던 단짝 캐더린이었다. 이 두 사람은 많은 시간을 함께 하며, 서로에게서 큰 위안을 받고 성장한다. 그러나 캐더린은 우연한 사건으로 부유한 린튼가와 가까워지고, 판사인 에드거의 청혼을 받는다. 그녀는 두 남자 사이에서 갈등하지만, 결국 에드거와의 결혼을 택한다. 무지하고 가난한 히드클리프를 진정 책임지는 사랑은 아니었던 것이다. 세상에서 거의 유일한 위안이었던 캐더린의 배신은 히드클리프를 사지로 몰아넣었다.

2009년 BBC TV 시리즈 <폭풍의 언덕>에서 힌들리 언쇼 역을 맡은 번 고먼.

폭풍 같은 복수와 파멸을 완성시킨 마지막 원인은 히드클리프 자신이었다. 그는 버려진 접시였다. 불행으로 갈 수 있는 많은 요소를 갖추고 있었다. 그의 상처와 아픔은 그가 복수의 화신이 된 것에 대한 정당성을 부여하는 듯 하다. 하지만 반대로 생각해보면 그는 언쇼 씨의 극진한 사랑을 받았고, 안전한 가정에서 자랄 수 있는 복을 누렸다. 그리고 캐더린의 배신에 상처 받고 떠난 이후에 그는 큰 부자가 되었다. 그에게 진정한 신앙이 있었다면 충분히 감사하며 재기할 수 있었고, 적어도 복수로 자신을 파멸시키기보다 다른 삶을 살아갈 수 있었다. 그러나 그는 결국 복수에 인생을 바쳤고, 가장 불행한 인생으로 나아가고 말았다. 그와 하녀의 대화를 보자.

> 그는 무릎 위에 두 팔꿈치를 괴고 손으로 턱을 받치고는 묵묵히 생각에 잠겨 있었습니다. 제가 무엇을 생각하느냐고 묻자 그는 침울하게 대답하였습니다. "힌들리에게 어떻게 복수를 해줄까 생각하고 있어. 언젠가 할 수만 있다면 기다리는 것쯤 괜찮아. 제발 나보다 먼저 죽지나 말았으면!", "창피하게, 히드클리프!" 하고 저는 말했습니다. "고약한 사람들을 벌하는 것은 하느님이 하시는 일이야. 우리는 용서할 줄 알아야지", "아니야, 하느님은 내가 맛볼 만족을 맛보지는 못할 거거든"하고 그는 대꾸했습니다. "나는 제일 좋은 방법을 알고 싶을 뿐이야! 나를 가만히 놔 둬. 난 그것을 생각해 낼 테니까. 복수할 것을 생각하는 동안엔 나는 아무렇지도 않아."(7장)

후에 그는 차곡차곡 복수의 계획을 실행하며 큰 재미를 느낀다. 그는 두 집안을 파멸로 이끌며 자신이 불행하게 살아가고 있다는 것을 깨닫지 못한다. 자신도 파멸의 길을 가고 있다는 것을 깨닫지 못한다. 복수가 막바지에 이르고, 그는 두 집안의 모든 것을 빼앗았다. 이제 두 가문의 마지막 생존자 헤어튼과 캐더린을 독수리가 잡은 토끼처럼 집에 가두게 되었다. 자신이 사랑하던 캐더린의 딸 캐더린은 히드클리프가 얼마나 불행한지 이

2011년 영화 <폭풍의 언덕>에서 캐서린 언쇼 역을 맡은 카야 스코델라리오.

야기한다.

> 아저씨, 아저씨는 아무도 아저씨를 사랑해주는 사람이 없지 않아요. 그
> 리고 아무리 아저씨가 우리를 비참하게 만든다 하더라도 말예요, 우리
> 는 아저씨의 그 잔인한 성질은 우리들보다 더욱 큰 비참에서 우러나오
> 는 것이라는 생각으로 여전히 복수심을 잃지 않을 거예요. 아저씨는 비
> 참해요, 그렇지 않아요? 악마같이 외롭고 시기심이 많은 거죠. 아무도
> 아저씨를 사랑하지 않아요. 아저씨가 죽어도 아무도 울어 주지 않을 거
> 예요! 난 아저씨처럼 되진 않을 거예요!(29장)

그러나 히드클리프는 스스로 행복하다고 생각한다. 자신에게 문제가
있다고 생각하지 않는다. 자신은 매우 행복하다고 자부한다. 이러한 잘못
된 자기 확신과 메타인지의 부재가 진정한 문제였던 것이다. 결국 그의
복수는 예상치 못한 지점에서 브레이크가 걸린다. 그는 자신과 너무 유사
한 헤어튼과 자신이 사랑했던 여인을 연상하게 만드는 캐더린을 보면서
복수의 마음이 사라진다. 그는 하녀 넬리에게 이렇게 고백한다.

> 불쌍하게 끝장이 나는군 그래. 내가 그렇게 맹렬하게 노력한 것이 이렇
> 게 터무니없이 끝장이 난단 말이야? 나는 두 집을 부숴 버리기 위해서
> 지렛대며 곡괭이를 장만해 놓고 헤라클레스와 같이 괴력을 낼 수 있도
> 록 내 자신을 훈련했는데, 막상 만반의 준비가 되고 내 힘으로 무엇이든
> 할 수 있게 되자 어느 쪽 집에서도 기와 한 장 들어내고 싶은 생각이 없
> 어졌으니 말이야! 나의 옛 원수들은 나를 넘어뜨리지 않았어. 이거야 말
> 로 바로 그들의 후손에게 내가 복수를 할 때야. 내 힘으로 할 수 있지. 그
> 리고 아무도 막지 못해. 하지만 그래서 무슨 소용이 있겠소? 난 사람을

때리고 싶지 않아. 손을 휘두르는 것이 귀찮아졌단 말이야! 이렇게 말하니 나는 마치 관용의 미덕을 보이기 위해서만 이제까지 애를 써 온 것처럼 들리는데, 그와는 거리가 먼 이야기야. 난 그들의 파멸을 즐길 만한 힘도 없어졌고 쓸데없이 남을 파멸시킬 생각도 없어졌단 말이야.(33장)

이런 그에게 진정으로 안타까운 점이 있다. 이제라도 그는 복수심에서 벗어나 행복한 인생으로 갈 수 있었지만, 그는 스스로 죽음의 길을 택한다. 이룰 수 없는 사랑에 집착하며 죽은 연인과 유령연인이 되고자 한다. 인생의 유일한 목표가 복수였는데, 이제 그 목표가 사라져버렸다. 그는 더 이상의 삶의 의미를 상실한 것이다.

무시와 조롱은 복수심을 만든다. 다윗도 그 희생양이 될 뻔했다. 그는

1625년 또는 1628년에 루벤스가 유화로 그린 <다윗과 아비가일의 만남>

나라에 큰 공을 세웠으나 사울의 시기심으로 실각하고 여기저기를 떠돈다. 그럼에도 다윗은 많은 어려운 이들을 품고 그들과 더불어 살아간다. 그런 다윗을 무시하는 자가 있었으니 나발이라는 사람이었다. 그는 다윗을 무시하고 조롱했다. 다윗은 그에 대한 복수심에 불탄다. 무장을 하고 그를 죽이러 나선다. 하지만 그는 복수심으로 인생을 망치지 않는다. 아비가일이라는 여인을 통해 정신을 차린다. 복수하시는 하나님을 깨닫게 된 것이다. 그는 복수를 막은 아비가일에게 이렇게 감사한다.

'또 네 지혜를 칭찬할지며 또 네게 복이 있을지로다 오늘 내가 피를 흘릴 것과 친히 복수하는 것을 네가 막았느니라'(삼상 25:33)

시편 기자들은 복수를 하나님께 맡긴다. 자신들의 복수는 정의롭지 못할 수 있고, 복수에 인생을 허비하는 것은 파멸에 이르는 길이기 때문이다.

'여호와여 복수하시는 하나님이여 복수하시는 하나님이여 빛을 비추어 주소서'(시 94:1)

누구나 크고 작게 겪게 되는 상처와 복수에 대한 욕구를 이기고 진정한 행복으로 가는 길은 무엇인가? 그것은 하나님을 만나 이웃을 사랑하는 선택을 하는 것이다. 우리는 왜 이웃을 사랑해야 하는가? 이웃 사랑이 없는 세상에서는 힌들리도 캐더린도 히드클리프도 모두 파멸에 이를 수밖에 없기 때문이다. 우리는 우리 자신을 위해서 하나님을 사랑하고 이웃을 사랑해야 하는 것이다.

성숙하지 못한 사랑은 자기 집착이며 파멸에 이르는 착각일 뿐이다.
진정한 사랑은 상대방의 성장을 돕고 책임지는 것이다

이 작품에는 히드클리프를 향한 두 가지 사랑이 등장한다. 하나는 캐더린의 사랑이며, 다른 하나는 이사벨라의 사랑이다. 이 두 사랑은 성숙하지 못한 사랑이 얼마나 자기 집착적이며, 당사자들의 삶을 어떻게 파멸로 이끄는지 보여준다. 먼저 캐더린의 사랑에 대해 살펴보자. 언쇼가의 딸 캐더린은 어린 시절부터 자신을 누구보다도 잘 이해하며 큰 기쁨과 행복을 주는 히드클리프를 사랑한다. 그녀가 다른 사람과의 결혼을 고민하고 있을 때에도, 혹시 다른 사람과 결혼한다 하더라도 히드클리프에 대한 사랑은 언제나 변함이 없다고 말한다. 그는 하녀 엘렌에게 이렇게 말한다.

내가 이 세상에 살면서 무엇보다도 생각한 것은 히드클리프 자신이었단 말이야. 만약 모든 것이 없어져도 그만 남는다면 나는 역시 살아갈 거야. 그러나 모든 것이 남고 그가 없어진다면 이 우주는 아주 서먹서먹해질 거야. 나는 그 일부분으로 생각되지도 않을 거야. 린튼에 대한 나의 사랑은 숲의 잎사귀와 같아. 겨울이 들어서 나무의 모습이 달라지듯이 때가 흐르면 그것도 말라지리라는 것을 나는 잘 알고 있어. 그러나 히드클리프에 대한 애정은 땅 밑에 있는 영원한 바위와 같아. 눈에 보이는 기쁨의 근원은 아니더라도 없어서는 안 되는 것이야. 넬리, 내가 바로 히드클리프야. 그는 언제나 내 마음속에 있어. 내 자신이 반드시 나의 기쁨이 아닌

2009년 BBC TV 시리즈 <폭풍의 언덕>에서 이사벨라 린튼 역을 맡은 로잘린드 핼스테드.

것처럼 그도 그저 기쁨으로서가 아니라 내 자신으로서 내 마음속에 있는 거야. 그러니 다시는 우리가 헤어진다는 말은 하지 말아. 그것은 있을 수 없는 일이니까.(9장)

그녀의 사랑의 감정은 사실이라고 볼 수 있다. 그러나 그저 감정뿐인 사랑이다. 캐더린에겐 히드클리프가 필요하다. 그러나 오직 자기에게 필요한 방식으로만 그를 옆에 두려고 한다. 교육을 받지 못한 가난한 히드클리프와는 책임있는 사랑을 선택하지 않으면서 부유한 판사 에드거의 청혼은 받아들인다. 나아가 오히려 남편의 돈으로 히드클리프를 도와줄 수 있을 것이라 생각한다. 이것은 망상에 가까운 이기적이며 자기 집착적인 사랑이다. 그녀는 그를 유린한 것이다. 그녀는 이렇게 말한다.

내가 살아 있는 한 나는 그를 버리지 않아. 엘렌, 그 누구를 위해서도. 린튼 가문의 사람이 지상에서 모조리 사라지더라도 히드클리프를 버릴 생

2009년 BBC TV 시리즈 <폭풍의 언덕>에서 하녀 엘렌 역을 맡은 사라 랭커셔.

각은 없어. 오, 전혀 그럴 생각 없어. 그럴 작정은 아니고말고. 그러한 희생을 치러야 한다면 나는 린튼 부인 같은 건 되지 않을 거야! 히드클리프는 예전에 그랬듯이 앞으로도 내겐 소중해! 에드거는 그를 싫어해선 안 되고 적어도 그에게만은 너그러워야 해. 히드클리프에 대한 나의 진정을 알면 그도 그렇게 할 거야. 넬리, 넬리는 나를 지독히 이기적인 계집애라고 생각하겠지만, 만약 내가 히드클리프와 결혼한다면 우리가 거지가 될 거라고 생각한 적 없어? 하지만 내가 린튼과 결혼한다

면 히드클리프가 오빠의 손아귀에서 벗어나게 도울 수가 있어.(9장)

하녀 엘렌은 그녀의 잘못된 사랑을 비난한다.

아가씨 남편의 돈으로 말이죠. 캐더린 아가씨! 그분은 아가씨가 생각하는 것만큼 만만하지는 않을 거에요. 게다가 나로서는 뭐라고 할 수 없지만 린튼 도련님과 결혼하는 동기로서 지금까지 말씀하신 것 가운데서도 그게 제일 나쁘다고 생각해요.(9장)

캐더린은 떠나버린 히드클리프 때문에 마음에 큰 병을 얻고, 그녀의 이해할 수 없는 집착 때문에 실망한 남편에게도 만족할 수 없다. 그는 남편에 대한 책임도 다하지 않고, 히드클리프에 대해서도 감정만으로 사랑한다. 그녀는 '나의 히드클리프'를 만들어낸다. 남편도 아니고 현재의 히드클리프도 아닌 망상 속의 히드클리프를 만들어내고 그와 사랑한다.

저렇다니까, 넬리! 저이는 잠시 동안이라도 나를 살리려고는 하지 않는 거야! 내가 받은 사랑이란 저런 것이야! 하지만 괜찮아! 저런 것이 나의 히드클리프는 아니니까. 나는 그래도 나의 히드클리프를 사랑할 것이고, 저승에까지도 데리고 갈 거야. 그는 언제나 내 마음 속에 있으니까.(15장)

감정만 앞선 그녀의 자기 집착적인 사랑은 결국 히드클리프도 망치고, 자신도 파멸로 몰고 간다. 히드클리프는 캐더린을 다음과 같이 원망한다.

이제야 당신이 얼마나 잔인했고 위선적이었나 하는 것을 알겠구료. 왜 당신은 나를 경멸했소? 왜 당신은 자기 마음을 배반했소, 캐디? 나에겐 위로할 말이라고는 한 마디도 없소. 당신에게는 응당 그래야만 하오. 당신은 자기 마음을 죽인 거요. 그래, 나에게 입 맞추고 울려면 울어도 좋소. 그리고 나의 입맞춤과 눈물을 빼앗으려면 빼앗아도 좋소. 그러면 당신은 더욱 이지러질 것이고 스스로를 망치고 말 거란 말이오. 당신은 나를 사랑했소. 그러면서도 무슨 권리로 나를 버리고 간 거요? 무슨 권리로, 대답해 보오. 린튼에 대한 어리석은 생각 때문이었소? 불행도, 타락도, 죽음도, 그리고 신이나 악마가 할 수 있는 어떠한 것도 우리 사이를 떼어놓을 수는 없었기 때문에 당신은 스스로 나를 버린거요. 내가 당신의 마음을 찢어 놓은 것이 아니라 당신 자신이 찢어 놓은 거요. 그리고 그렇게 함으로써 당신은 내 가슴도 찢어 놓은 거요. 내가 건강한 만큼 나는 불리한 거요. 내가 살고 싶어 하는 줄 아오? 당신이 죽는다면 내 생활은 어떻게 되리라는 걸 아오? 아, 당신 같으면 마음 속 애인을 무덤 속에 묻고도 살고 싶겠소?(15장)

1931년 클래어 레이튼이 목판화로 만든
《폭풍의 언덕》삽화.

히드클리프는 캐더린의 감정 뿐인 미성숙한 사랑의 그물에 걸려 완전히 파멸되어 가고 있는 것이다. 결과적으로 캐더린은 히드클리프도 에드거도 사랑하지 않았다. 그녀는 한 사람의 마음과 위로를, 다른 사람의 돈과 안정을 이용하려 했던 것이다. 그 어떤 책임도 감당하지 않으려는 캐더린은 결국 자신까지 파멸로 이끌어간다. 힌들리의 학대와 모욕보다 캐더린의 미성숙한 사랑이 히드클리프를 복수의 화신으로 만드는데 더욱 큰 역할을 했다. 캐더린은 결국 자신과 남편의 집안까지 복수극의 희생양이 되게 한 것이다.

린튼 가 이사벨라의 사랑은 어떤가? 그는 돈 많고 성공한 남자가 자기만의 기사가 되어 주리라는 환상에 빠졌다. 히드클리프는 사실 상처 많은 복수의 화신이었다. 그러나 이사벨라가 보기에는 자신의 미래를 밝혀줄 기사로 보였던 것이다. 이것도 역시 자기 집착에 가까운 사랑이었다. 이사벨라의 사랑은 자신이 마음으로 창조해 낸 상대방을 그의 반응과 상관없이 일방적으로 따르는 것이었다. 그녀의 어리석은 사랑은 스스로를 복수의 제물로 만들어 버렸다. 하녀에게 한 남편 히드클리프의 말 속에 모든 것이 들어 있다.

집사람은 잘못 생각하고 그러한 집이며 가족을 버린 거지. 나를 로맨스의 주인공으로 상상하고는 내가 기사처럼 헌신적으로 무엇이든 바라는 대로 해주리라고 기대한 거야. 나는 이사벨라를 이성을 가진 사람으론 볼 수가 없어. 그렇게도 끈덕지게 나라는 사람에 대하여 터무니없는 생각을 하고 그릇된 인상을 가지고 행동했으니 말이지. 그러나 드디어 나라는 사람을 알기 시작한 것 같아. 처음에 내 비위를 거스르던 그 싱거운 웃음이나 찡그리는 얼굴을 이제는 볼 수 없으니까 말이야. 그리고 이사벨라가 쫑대는 것을 어떻게 생각하며, 그 자신을 어떻게 생각하는지 말해 주어도 내가 진

1939년 영화 <폭풍의 언덕>에서 이사벨라 린튼 역을 맡은 제럴딘 피처럴드와 로렌스 올리비에의 홍보 스틸.

심으로 말한다고는 알아차리지 못하던 그 무분별도 이제는 보이지 않거든. 내가 사랑하지 않는다는 걸 알아차린 것은 영리한 이사벨라로는 참으로 굉장한 노력이었지. 나도 한때는 무슨 짓을 해도 이 사람은 모를 거라고 생각했단 말이야! 그리고 지금도 잘은 모르고 있어. 내가 실지로 자기로 하여금 나를 미워하게 하는 데 성공했다는 것을 놀랍게도 오늘 아침에야 알았다는 듯이 이야기하니 말이지! 그건 확실히 헤라클레스의 노력에 필적하는 거야! 만약 그것이 성공한다면 나는 감사할 만해. 당신이 말한 것이 틀림없겠지. 이사벨라, 나를 정말 미워하고 있는 건가? 내가 한나절만 당신을 혼자 내버려 둔다면 다시 한숨을 쉬고 다정한 말을 걸면서 내게로 올 게 아닌가?(14장)

자신의 망상 속에 빠져서 모든 판단력을 잃어버리고, 현실에는 없는 자신만의 기사를 사랑하는 무분별한 이사벨라는 복수의 도구로 전락해서 비극의 일부가 되고 만다. 진정한 사랑이란 무엇일까?

'사랑은 … 자기의 유익을 구하지 아니하며 … 모든 것을 참으며 모든 것을 믿으며 모든 것을 바라며 모든 것을 견디느니라'(고전 13:4-7)

영국 LWT 프러덕션에서 3부작으로 제작된 <폭풍의 언덕>에서 헤어튼 언쇼 역을 맡은 매튜 맥퍼딘.

사랑은 자기 집착과 망상에서 나오는 감정이 결코 아니다. 진정으로 상대방이 성장하기를 기대하며 모든 것을 인내하고 끝까지 책임지는 것이다. 《폭풍의 언덕》에서 그려지는 진정한 사랑은 언쇼 씨의 히드클리프에 대한 사랑과 헤어튼과 캐더린의 사랑이다. 헤어튼은 교육도 많이 받지 못하고 노예처럼 학대 받은 불쌍한 처지에 있었고, 처음에는 캐더린도 그를 무시했고 싫어했다. 하지만 그녀는 그의 글공부를 도우며 차츰 가까워지고, 서로를 돕고 사랑을 키워간다.

> 이렇게 시작된 친밀한 정은 급속히 깊어갔습니다. 일시적인 중단은 더러 있긴 했습니다만, 언쇼 도련님(헤어튼)은 소원대로 곧 교양이 느는 바도 아니었고 또 아씨(캐더린)로 말하면 학자도 아니겠고, 본을 받을 만한 인내심이 있는 사람도 아니었으니 말입니다. 그러나 두 분의 마음은 다같이 같은 목표를 향했던 것입니다. 한 사람은 상대편을 사랑하고 인정해 주려고 마음을 먹고 있었으며 상대방 역시 사랑하고 인정을 받으려고 마음을 먹었던 것입니다. 그들은 애를 쓴 결과 그 목표에 이르게 되었습니다.(32장)

두 사람은 상처와 아픔 투성이였다. 하지만 진정한 사랑에 도달하게 된다. 서로의 부족함을 이해하고, 상대방이 필요한 것을 채워주려고 노력하는 현실에 뿌리내린 진정한 사랑이었다. 진정한 사랑은 복수의 대상이었던 그들이 진정한 승자로 거듭나게 만들었다. 그들에게서 우리는 소망을 발견한다.

형식적인 예배, 무늬만 기독교인들의 삶, 하나님과 단절된 삶은 비극으로 끝난다

이 작품을 마무리하면서 언쇼 씨의 아름다운 사랑의 실천이 비극으로 끝난 이유에 대해 작가가 남긴 이야기들을 꼼꼼히 소개하고 싶다. 캐더린의 아버지 언쇼 씨가 죽은 후 한 일요일을 묘사한 장면을 보자.

지긋지긋한 일요일이다! 아버지가 되살아나셨으면 좋을 텐데. 힌들리 오빠가 아버지 대신이라니 질색이다. 히드클리프에 대한 오빠의 행동은 잔인해. H와 나는 반발할 테다. 우리 둘은 오늘 저녁 그 첫발을 내디딘 셈이다. 온종일 심한 비가 내렸다. 우리는 교회에 갈 수가 없었다. 그래서 조지프가 모두를 다락방에 모아놓고 설교를 해야만 했다. 힌들리 오빠 부부가 밑에서 편안히 불을 쬐고 있는데 — 둘이서 성경을 읽지 않은 것만은 틀림없지만 — 히드클리프와 나와 그 불쌍한 머슴아이는 기도서를 가지고 올라오라는 명령을 받았다. 우리는 곡식자루 위에 한 줄로 앉혀져서 신음하며 떨고 있었다. 조지프도 떨었으면 좋겠다. 그러면 자기 자신을 위해서도 설교를 짧게 할 테니까. 그러나 터무니없는 생각이었다. 예배는 에누리없이 세 시간이나 계속되었다. 그런데도 오빠는 우리가 내려오는 것을 보았을 때 "아니, 벌써 끝난 거야?"하고 소리칠 만큼 뻔뻔스러우니. …

1907년 《슬래이드 미술대학교 과거 및 현재 학생들이 그린 드로잉과 사진 모음》 중 에드너 클라크 홀의 작품 '헤어튼과 그의 사촌'.

우리는 우리대로 요리대 밑 아치 아래 기어 들어가서 될 수 있는 대로 편안히 앉아 있었다. 내가 막 우리들의 앞치마를 한데 연결해서 커튼 대신으로 드리웠을 때 조지프가 무슨 볼일로 마굿간에서 돌아왔다. 그는 내가 만든 커튼을 잡아떼고 내 뺨을 후려치고는 고함을 쳤다. "주인어른의 장례식이 막 끝난데다가 안식일도 아직 끝나지 않고, 복음소리도 귓전에 남아 있는데 너희들은 감히 장난을 하다니! 부끄럽지도 않아! 똑바로 앉아, 이 망나니들아! 읽을 생각만 있으면 좋은 책은 얼마든지 있어. 바로 앉아서 너희들의 영혼에 대해서나 생각해 봐." 그는 억지로 낡아빠진 설교책을 우리에게 내밀어 면난로에서 비치는 희미한 불빛으로 그것을 읽을 수 있도록 우리를 바로 앉혔다.

나는 도저히 그런 식으로 책을 읽고 있을 수는 없었다. 나는 유익한 책 같은 건 싫다고 말하면서 더러운 책뚜껑을 집어 개집으로 던져 버렸다. 히드클리프도 그의 책을 같은 데로 차 버렸다.(3장)

모두가 예배에는 관심이 없다. 어쩔 수 없이 설교를 들어야 하는 이들만 억지로 앉아 있다. 설교를 담당하는 조지프 영감은 형편없는 인간이다. 하녀 넬리는 그에 대해 이렇게 평가한다.

조지프는 저쪽 집에 가셨을 때 보셨을 거예요. 자기는 복 받고 남들은 벌 받는다는 이야기를 찾으려고 성경책을 보는 바리새인 같은 위인이었어요. 그건 지금도 그래요. 모르긴 몰라도, 이 세상에 저만 잘났다며 사람 피곤하게 하기로는 그 위인을 따를 자가 없을 걸요.(5장)

언쇼 씨가 죽고 나서 신앙적으로 무너지는 언쇼 가문은 아버지의 선행을 비극으로 만들 영적 준비(?)가 되어 있었다. 후에 만신창이가 되어가는 힌들리는 술과 도박으로 인생을 탕진한다. 하녀 엘렌은 그에게 딸을 생각해서라도 자신을 돌보라고 충고한다. 하지만 그는 오히려 딸을 세상에 보낸 신을 저주한다.

'자신의 영혼도 어여삐 생각하세요!' 하고 저는 그분의 손에서 잔을 빼앗으려고 애쓰면서 말했습니다. '나는 싫어! 그와는 반대로 나는 그것(딸)

을 만든 조물주를 처벌하기 위해서라면 내 영혼을 지옥에 보내는 일이라도 기꺼이 할 용의가 있어'하고 그 신을 모독하는 사람은 소리쳤습니다. '내 영혼의 온전한 파멸을 위해서 축배를'(9장)

이 작품은 엘렌이라는 하녀의 회고가 대부분을 차지한다. 엘렌은 모든 상황을 지켜본 관찰자이자, 작가의 생각을 전달하는 전지적 인물이다. 즉, 이 작품에 나오는 모든 인물들에 대한 진정한 평가는 엘렌의 말 속에 들어 있다는 것이다. 언쇼의 아들 힌들리와 딸 캐더린은 신앙에 전혀 관심이 없다. 조지프 영감은 위선적인 리더다. 이들의 모든 행동은 성경과 멀어져 있다. 이런 상황에서 히드클리프의 상처는 복수심으로 변하고, 캐더린의 사랑은 자기 집착에 불과하게 되며, 인생이 꼬여가는 힌들리는 변화의 기회조차 얻을 수 없다. 작품의 마지막 부분에서 하녀 엘렌은 삶을 포기하려는 히드클리프에게 이제라도 신앙의 길로 돌아오라고 권한다. 그러나 그는 신앙의 길로 가기는커녕 천국의 길도 경멸한다. 그는 평생 성경을 보지 않았으며, 마지막 순간에도 신앙적인 권면을 받아들일 생각이 전혀 없었다.

하녀 엘렌.

만약 히드클리프 씨가 화를 내지 않고 내 이야기만 들어 주신다면 더욱 행복해질 수 있는 충고를 해 드리겠는데", "그게 무슨 이야기인데?" 하고 그가 물었습니다. "해 봐", "히드클리프 씨 자신이 알고 계실 거예요." 하고 저는 말했습니다. "히드클리프 씨는 열세 살 날 때부터 자기만을 위한 생활을 하셨고, 기독교 신자답지 않은 생활을 해 오신 거예요. 그리고 아마 그동안 내

내 한 번도 성경이란 것엔 손을 대지도 않으셨을 거구요. 히드클리프 씨
는 틀림없이 성경에 무엇이 씌어있는지도 다 잊어버렸을 겁니다. 그리
고 이제는 그걸 뒤적거릴 여유도 없으시지요. 어느 분이고간에, 어느 교
파의 목사든 그건 관계없으니까, 한 분 불러서 성경 말씀을 들으시고 이
제까지 히드클리프 씨가 성경 말씀과 얼마나 동떨어진 잘못된 생활을
해 왔으며, 만약 이제라도 돌아가시기 전에 마음을 고치시지 않는다면
성경 말씀에 나오는 천당에는 도저히 갈 자격이 없으시다는 말씀을 들
으시는 것도 해롭지는 않겠지요?", "넬리, 화를 내다니, 고마운 일이지"
하고 그는 말하는 것이었습니다. "내 희망대로 묻힐 수 있는 길을 넬리
가 이야기해 주니 말이야. 내 시체는 저녁에 교회 묘지로 옮길 일이야.
가능하다면 넬리와 헤어튼이 따라오면 좋겠어. 그리고 그 묘지기가 두
개의 관에 대해서 내가 일러둔 대로 하도록 주의해 줄 것을 특히 잊지
말아요! 목사는 올 것 없구. 그리고 설교 같은 걸 할 필요는 없어. 사실,
나는 내가 바라는 천국에 거의 와 있으니까. 그리고 남들이 원하는 천국
은 내게는 하나도 바랄 게 없고 또 가고 싶지도 않아!"(34장)

성경이란 것에 손도 대지 않고 살아온 히드클리프는 하나님 나라를 누
릴 수 없었고 영원한 불행에 자신을 내던져 버렸다. 형식적인 예배 속에
서 하나님과 단절된 그리스도인의 삶은 이렇게 불행해질 수밖에 없다. 예
수님께서 말씀하셨다.

'내가 곧 길이요 진리요 생명이니 나로 말미암지 않고는 아버지께로 올
자가 없느니라'(요 14:6)

하나님과 단절되어 해결할 수 없는 영원한 불행 속에 살아가고 있는 인

류가 다시 하나님과 하나 되어 진정한 행복을 누리기 위해서는 성경을 통해 예수님을 만나는 방법 밖에 없다. 이 불행한 인물들이 진정한 예배를 통해 주님을 만나고, 이웃을 사랑하는 삶을 훈련하며 살았다면, 소설의 엔딩은 분명 다른 결말을 보였을 것이다. 언쇼 씨의 선행이 그의 자녀들인 힌들리와 캐더린에게도, 불행에서 건져질 뻔한 히드클리프에게도 합력하여 선을 이뤘을 것이다. 아마도 그들 모두 아픔과 슬픔을 극복하고 아름다운 가정을 이루어 사는 모습이었을 것이다. 안타까운 마음으로 나 자신을 돌아보며 작품에 대한 적용을 마무리한다.

록우드(작중 화자)가 워더링 하이츠에서
이상한 경험을 하다(1~3장)

이 작품은 비극적인 결말이 거의 다가와 있던 시점에서 시작된다.

> 1801년. 집 주인을 찾아갔다가 막 돌아오는 길이다. 이제부터 사귀어가
> 야 될 그 외로운 이웃 친구를.

여기서 집 주인은 워더링 하이츠에 살고 있는 파멸의 주인공 히드클리프이다. 나(록우드)는 히드클리프씨 소유의 드러시크로스 저택에 세 들어 살게 되었고, 집주인이 살고 있는 워더링 하이츠 저택에 인사차 방문했다. 그 곳은 이름 그대로 바람이 거센 곳이었다. 현관문에는 여러 조각상들과 1500년 이라는 연대와 헤어튼 언쇼라는 이름이 새겨져 있었다. 그 저택에는 잘 생겼지만 왠지 침울해 보이는 집 주인 히드클리프와 그의 며느리, 그 저택의 원 소유주의 후손 헤어튼 언쇼가 살고 있었다. 그 집은 갈등과 다툼이 가득했고, 나는 푸대접을 받았다.

눈보라에 갇혀 나는 어쩔 수 없이 그 집에서 하루 밤을 보내게 되었는데, 거기에서 글씨들을 보게 되었다. 이상한 것은 같은 인물의 이름이 캐더린 언쇼, 캐더린 히드클리프, 캐더린 린튼으로 되어 있었다. 캐더린이라는 인물에 궁금증이 생겨 글을 읽기 시작했다. 그녀의 글은 아버지의 죽음 이후 집안에 일어나고 있는 갈등과 형식적인 신앙생활에 대한 이야기로 시작되고 있었다. 나는 꿈을 꾸게 되었는데, 캐더린의 환상을 경험하고 공포를 느끼게 되었다. 내가 지른 괴성에 달려온 집주인 히드클리프에게 꿈 이야기를 했을 때, 그는 격정에 빠지고 눈물을 흘리기도 했다. 아침에 그가 길을 동행해준 덕분에 집으로 돌아왔다.

히드클리프는 캐더린과 사랑했지만,
캐더린의 결혼에 상처 받고 떠난다(4~9장)

드러시크로스 저택으로 돌아온 나는 엘렌 딘 부인을 통해 과거의 이야기를 듣게 되었다. 몇 십 년 전으로 거슬러 올라간 이야기는 이렇다. 워더링 하이츠의 주인이었던 언쇼 씨에게는 아들 힌들리와 딸 캐더린이 있었다. 아버지 언쇼씨는 어느 날 리버풀에 갔다가 버려진 집시 아이를 발견하고 불쌍한 마음에 데려왔다. 그가 바로 히드클리프였다. 가족들은 이 아이를 좋아하지 않았지만, 언쇼 씨는 이 아이를 정성으로 키웠다. 아들 힌들리는 아버지의 사랑을 받는 히드클리프를 정말 싫어하며 학대와 구박을 했다. 그러나 언쇼의 딸 캐더린은 히드클리프에게 동질감을 느끼며 떨어질 수 없을 정도로 좋아한다.

언쇼 씨가 죽은 후 도시로 갔던 아들 힌들리는 아내와 함께 워더링 하이츠에 돌아와 정착했다. 히드클리프와 캐더린은 더욱 가깝게 지내며, 깊은 사랑의 관계로 발전한다. 어느 날 이 둘은 우연히 근처의 드러시크로스 저택으로 가게 되는데, 캐더린이 개에게 물려 다치는 사건이 발생했다.

1907년 《슬래이드 미술대학교 과거 및 현재 학생들이 그린 드로잉과 사진 모음》 중 에드너 클라크 홀의 작품 '폭풍의 언덕 중 한 장면인 히드클리프, 캐더린과 넬리 딘'.

캐더린은 상처가 나을 때까지 환대를 받으며 거기서 여러 날을 지내게 되었지만, 검은 피부의 히드클리프는 무시당하고 쫓겨난다. 캐더린은 린튼 가의 에드거와 점점 가까워진다. 린튼 가와 교제하며 말과 복장과 행동에 변화가 생기는 캐더린과 점점 더 따돌림을 당하는 히드클리프의 관계는 조금씩 어색해진다. 캐더린은 히드클리프를 여전히 옆에 두고 싶어 했지만, 히드클리프는 여러 가지 일로 상처를 받고 캐더린과 거리를 느낀다.

한편 힌들리는 아들(헤어튼 언쇼)을 낳았지만 아내는 병으로 죽고 말았다. 그는 점점 더 포악해졌으며, 히드클리프를 노예처럼 학대한다. 린튼 가와 가까워지던 캐더린은 결국 에드거의 청혼을 받게 된다. 그녀는 매우 고민한다. 물론 그녀에게 히드클리프는 자기 자신과 같았고, 영원히 변할 수 없는 사랑의 대상이었다. 하지만 힌들리에 의해 학대 받고 교육도 잘 받

에밀리 브론테가 언쇼의 집에 대한 영감을 받았다고 하는 영국 요크셔의 하워스에 있는 톱 위덴스.

지 못한 히드클리프와 결혼하면 품격이 떨어질 것을 우려한 그녀는 에드거와의 결혼을 선택했다. 캐더린은 에드거의 재산으로 히드클리프를 도와줄 생각을 가지고 있었고, 히드클리프가 떠날 거라는 생각은 하지 못했다. 하지만 그는 큰 상처를 받고 멀리 떠나버렸다.

히드클리프가 돌아오고,
참혹한 복수가 이루어지다(10~29장)

캐더린은 큰 충격을 받아 정신착란 증세까지 앓았지만 판사 에드거와 결혼하여 나름 행복한 삶을 살았다. 그러나 몇 년 후 너무나 멋진 모습으로 큰 부를 이룬 히드클리프가 나타났다. 에드거는 너무나 이 상황이 싫었지만, 캐더린은 너무나 기뻐했고 그와 자주 만난다. 히드클리프는 힌들리 언쇼의 워더링 하이츠에 세를 후하게 내면서 살게 되었다. 그는 힌들리와 함께 살면서 도박으로 재산을 조금씩 빼앗고, 아들 헤어튼과의 관계도 흔들면서 복수의 계획을 차곡차곡 실행한다. 그리고 뜻밖의 일이 일어났는데, 에드거의 동생 이사벨라가 히드클리프에게 반해버린 것이었다. 린튼 가에 대한 복수를 꿈꾸던 그는 이사벨라를 사랑하지 않으면서 사랑하는 척한다. 급기야 히드클리프와 캐더린이 포옹하는 장면을 보게 된 에드거는 큰 다툼 끝에 히드클리프를 쫓아내고 다시는 집에 발을 들이지 못하게 한다. 그의 등장으로 두 저택은 그야말

1931년 클래어 레이튼이 목판화로 만든
《폭풍의 언덕》의 히드클리프 삽화.

로 점차 엉망이 되어 가고 있었다.

캐더린은 히드클리프를 만나지 못하게 되고, 남편의 동생 이사벨라와의 관계도 어긋나며 심각하게 식음을 전폐한다. 그녀는 히드클리프와 워더링 하이츠를 그리워하며 점점 정신이 이상해져갔다. 결국 이사벨라도 히드클리프를 따라 도망을 쳐서 결혼했다는 짧은 편지만 전해 왔다. 히드클리프는 결혼하자마자 본색을 드러냈다. 이사벨라는 '히드클리프를 로맨스의 주인공으로 상상하고는 기사처럼 헌신적으로 무엇이든 바라는 대로 해주리라고 기대'했고, 히드클리프는 아무 노력 없이 그녀를 유린할 수 있었던 것이다. 하루는 에드거가 없는 틈에 히드클리프가 캐더린을 찾아왔다. 병세가 완연한 그녀를 보고 그는 너무나 마음이 아팠다. 둘은 서로 껴안고 격정적인 사랑을 표현했고, 동시에 자신을 떠나버린 상대방을 탓했다. 그들이 격정적인 사랑과 원망의 대화를 주고받으며 헤어지지 못하고 있을 때 에드거가 돌아왔고 캐더린은 정신을 잃었다. 그날 밤 그녀

1939년 영화 <폭풍의 언덕>의 포스터.

는 임신 7개월 만에 딸(캐더린 린튼)을 출산하고 죽고 말았다. 힌들리도 동생 캐더린이 죽은 후 반년도 못되어 그 뒤를 따르게 되었다. 이사벨라는 남편에게서 도망쳐 아들(린튼 히드클리프)을 낳고 숨어서 산다. 힌들리의 도박빚으로 저당 잡힌 워더링 하이츠는 히드클리프의 차지가 된다. 힌들리의 아들 헤어튼은 교육을 받지 못하고 하인처럼 대우 받으며 살게 된다. 복수극은 매우 성공적으로 진행된다.

13년 정도가 지나 이사벨라가 죽었고, 아들 린튼은 삼촌 에드거가 데려오게 되었다. 하지만 곧 히드클리프는 아들인 린튼을 워더링 하이츠로 데리고 간다. 그는 자신의 사랑을 빼앗아간 에드거를 파멸시키려고, 그의 딸 캐더린과 자신의 아들 린튼을 만나게 한다. 그는 아들 린튼이 매우 병약하다는 것을 알고 빨리 둘을 결혼시켜서 에드거가 죽을 경우 모든 재산을 자신이 차지하려는 계획을 세운다. 에드거는 캐더린과 린튼의 관계의 싹을 자르려 했지만, 아버지의 사주로 린튼은 캐더린의 마음을 빼앗는다. 캐더린은 후에 린튼의 마음이 아버지의 계략이라는 것을 알게 되지만, 히드클리프가 강제로 두 사람을 결혼시킨다. 변호사를 매수한 히드클리프는 에드거가 죽은 후에 드러시크로스 저택과 재산까지 차지한다. 캐더린은 워더링 하이츠로 가서 린튼과 함께 산다. 히드클리프는 캐더린에게도 혹독하게 일을 시키며 복수한다. 그의 계획은 다 이루어졌다.

상처와 복수 결국 자신까지 파멸시키다(30~34장)

히드클리프의 병약한 아들 린튼은 곧 죽고, 워더링 하이츠에는 히드클리프와 헤어튼 언쇼, 캐더린이 같이 살게 된다. 히드클리프의 복수는 이제 언쇼 가문의 마지막 후손 헤어튼과 자신이 사랑하던 여인의 딸이자 린튼 가문의 후손 캐더린을 향한다. 캐더린은 처음에 교육을 받지 못해 무지한 헤어튼을 무시하다가 글공부를 도우며 가까워진다. 그 둘은 서로 점점 다정한 관계로 발전한다. 히드클리프는 헤어튼과 캐더린이 서로 다정하게 책을 읽는 모습을 보며 무너진다. 교육을 받지 못하고 학대당하며 노예처럼 살아가는 헤어튼과 자유분방하고 밝은 캐더린이 서로 자유롭게 사랑하는 모습을 보고 자신과 캐더린의 어린 시절을 떠올리게 되었던 것이다. 그리고 그들을 파멸로 몰고 가려던 자신의 인생에 큰 환멸을 느끼게 되었다.

그에게는 이상한 변화가 일어난다. 그는 사람들을 점점 멀리하고, 유령에 홀린 것 같은 모습을 보인다. 식사도 하지 않고 늘 사라졌다가 아침에 들어온다. 죽음과 재산에 대한 유서도 언급한다. 폭풍이 강하게 불어오던 날 저녁에 그는 사랑하던 캐더린이 쓰던 방에서 죽음을 맞는다. 자신의 복수가 결국 자신을 파멸시킨 것이다. 워더링 하이츠 근처에 사는 사람들에게는 히드클리프의 유령이 어떤 여자와 떠돌고 있다는 소문이 퍼져 나갔다. 헤어튼과 캐더린은 두 저택의 재산을 모두 상속하고 결혼하여 드러시크로스에 정착할 것이다.

07장

인 간 과 국 가 의
참 을 수 없 는 추 접 스 러 움

조나단 스위프트《걸리버 여행기》

(번역본 : 신현철 역, 문학수첩)

현재에도 나타나는《걸리버 여행기》의
다양한 유산

최근 우리 주위에 키즈카페들이 많이 생겼는데, 그 상호명으로《걸리버 여행기》1부의 작은 사람들의 나라 이름인 릴리퍼트를 사용하고 있다. 아이들 용품에도 릴리퍼트라는 이름이 많이 사용된다. 한때 세계 최강의 검

미야자키 하야오 감독의 <천공의 성 라퓨타> 영화 포스터.

색엔진이었던 '야후'는 4부 말들의 나라에 사는 인간의 모습과 비슷한, 털이 많은 짐승의 이름에서 따온 말이다. 일본의 미야자키 하야오 감독의 애니메이션 작품 '천공의 성 라퓨타'(1986)는 3부 하늘을 나는 섬의 나라 라퓨타에서 아이디어를 차용한 것이다. 18세기 초 작품이자, 금서로 지정되었던《걸리버 여행기》는 이처럼 다양한 분야에서 지금까지도 수많은 유산을 만들어내고 있다.

성경적 관점으로 이 세상을 비판하다가
금서로 지정되다?

《걸리버 여행기》의 작가 조나단 스위프트(1667~1745)는 작가이기 이전에
영국과 아일랜드를 오간 정치인이었다. 또한 성공회 소속의 목회자로서
사제 생활도 했다. 그는 평생 정치에 관심을 두며, 또한 신학자로서의 삶
도 멈추지 않았다. 게다가 작가로서도 역량을 과시, 자신의 재능을 마음껏
펼쳤다. 정치인 출신 목회자이자 작가! 이것이 그를 설명하는 가장 좋은
표현이다. 그래서일까, 그의 대표작《걸리버 여행기》는 지나치다 싶을 정
도로 신랄한 비판이 가득하다. 특히 정치에 대한 비판이 매우 강하다. 모
든 인간은 철저히 부패했다는 전적 타락 교리를 주장하려는 듯, 작품 속
에 등장하는 영국과 유럽대륙은 대책 없이 타락한 짐승 같은 이들의 전쟁
터다. 작가는 18세기에 팽배하던 이성주의자들의 '인간 본성에 대한 순진
한 믿음'에 맞서 인간이 심각하게 타락했다고 강력히 주장한다. 4부 이성
을 가진 말들(휴이넘)의 나라에서 인간은 이성을 가진 존재라기보다 짐승
처럼 묘사된다. 전체적으로《걸리버 여행기》는 성경적 관점에서 세상을
비판하는 작품이라 할 수 있다.

또한 그는 영국인이면서 동시에 800
년 간 영국 식민지였던 아일랜드 더블
린에서 태어나고 죽은 아일랜드인이
다. 많은 시간을 영국에서 살았지만 그
는 아일랜드로 건너가서 영국의 지배
에 대해 저항운동을 했으며, 아일랜드
의 시각에서 영국을 바라보았다. 따라

1726년 발행된 걸리버 선장의 초상화를 포함
한《걸리버 여행기》초판 표제지.

《걸리버 여행기》(신현철 역,
1992년, 문학수첩)

서 비판의 수위는 높을 수밖에 없었다. 그는 아일랜드의 비참한 현실은 영국의 책임이라는 생각을 가지고 있었다. 그래서 아일랜드에서는 애국자이자 영웅으로 대접을 받지만 지금도 영국에서는 큰 인정을 받지 못한다. 작가 자신도 내용의 심각성에 대해 잘 알고 있었다. 그래서 1726년 최초 출간 당시 걸리버의 사촌 심프슨이라는 사람의 이름으로 출판을 하게 되었다. 그러나 출판되기도 전에 심각한 내용은 편집되었다. 우리가 동화처럼 알고 있는《걸리버 여행기》는 원작의 총 4부 중에서 비판의 수위가 높은 3부와 4부가 통째로 삭제된 채 비판의 수위가 낮은 1부와 2부에서 재미있는 부분만 발췌된 것이다. 작가는 이미 세상을 떠났지만, 저자가 발휘한 상상력과 문제의식은 작중 영국이나 유럽을 넘어 우리가 사는 세상의 문제를 보게 하는 뛰어난 창문이다.

작가의 놀라운 상상력으로 걸리버가 여행한 나라들!

외과 의사의 견습공이자 여행을 꿈꾸며 항해술 등을 배우던 걸리버는 선상 의사로 출발하여 나중에는 직접 선장이 되어 여러 나라를 여행한다. 그가 여행한 나라들은 1부 작은 사람들의 나라(릴리퍼트 Lilliput), 2부 큰 사람들의 나라(브롭딩낵 Brobdingnag), 3부 하늘을 나는 섬의 나라(라퓨타 Laputa)와 발니바르비(Balnibarbi), 럭낵(Ruggnagg), 글럽덥드립(Glubbdubdrib), 일본(Japan), 4부 말들의 나라(휴이넘 The Country of Houyhnhums) 등이다. 이 나라들은 상상력으로 만들어낸 섬들이며, 걸리버가 여행하려고 계획했던 곳이 아니라 폭풍을 만나거나 해적들을 만나 표류하다가 우연히 도착한 곳들이다. 이 섬들은 실제로 있는 대륙이나 섬들의 근처에 있는 것으로 묘사된다. 릴리 퍼트는 인도네시아 수마트라 섬 남쪽에 있으며, 브롭딩낵은 북아메리카 대륙에 붙어 있으나 산맥으로 막혀 있어 섬과 다름없는 곳이다.

1부와 2부는 걸리버가 작은 사람들의 나라(릴리퍼트)와 큰 사람들의 나라(브롭딩낵)를 여행하면서 그가 크거나 작아서 생기는 여러 가지 에피소드들이 주를 이루며, 그 나라들의 풍습을 영국과 비교하는 내용이 주를 이룬다. 3부로 들어서면서 영국과 유럽에 대한 비판의 수위가 매우 높아진다. 수학과 음악에 몰두하며 엉뚱한 연구에 매몰된 하늘을 나는 섬(라퓨타)과 그 식민지 발니바르비 여행기를 통해 대놓고 영국과 유럽을 비판한다. 마술사들의 나라 글럽덥드립은 죽은 이들을 불러내 유럽의 역사기술을 비

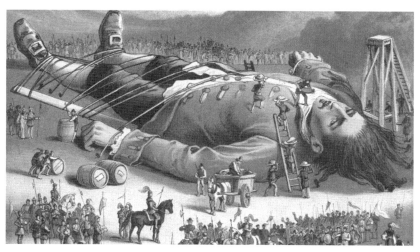

걸리버는 첫 번째 항해 중 난파하여 릴리퍼트 섬나라에서 키 15센티 미만의 작은 종족에게 포로가 되었다.

판하고, 불사의 인간들이 사는 럭낵에서는 불사의 소망을 비판한다. 마지막으로 4부 말들의 나라에서는 인간이 이성이 거의 없는 사악한 짐승(야후)으로 묘사된다. 다른 표현으로 하자면 4부는 인간 문명 비판의 절정이다. 이렇듯 작가가 고안해낸 섬들은 상상력 자체만으로도 대단히 칭송받을 만하다.

독도는 우리 땅!
일본의 기독교 박해

《걸리버 여행기》에는 우리나라가 나오지 않지만, 눈여겨 볼 부분이 있

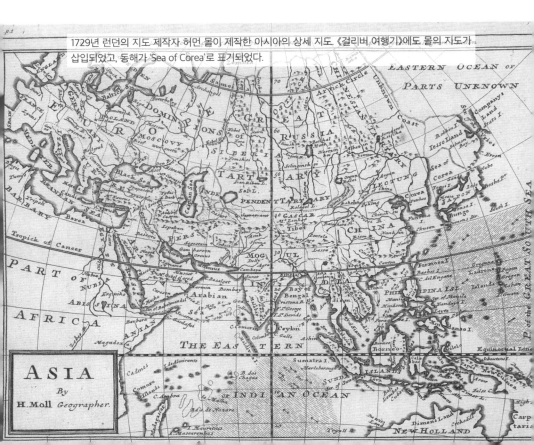

1729년 런던의 지도 제작자 허먼 몰이 제작한 아시아의 상세 지도. 《걸리버 여행기》에도 몰의 지도가 삽입되었고, 동해가 'Sea of Corea'로 표기되었다.

다. 총 4부로 되어 있는 이 작품의 각 부의 시작 부분에 여행할 섬에 대한 지도가 나온다. 3부의 지도에는 가장 왼쪽에 일본이 나오는데, 중요한 것은 일본의 왼쪽 바다, 즉 동해가 'Sea of Corea'라고 표기되었다는 점이다. 사료로서의 가치는 없을지라도 간접적으로 독도가 우리 땅이라는 것을 입증하는 증거가 될 수도 있을 것이다. 우리가 또 하나 주목해 볼 대목이 있다. 3부의 마지막에 걸리버가 고향에 돌아가려면 일본을 경유해야 한다. 그래서 럭낵의 국왕에게 일본에 입국했을 때 '십자가를 밟는 예식'을 하지 않게 해 달라는 부분이 나온다. 소설 내용상으로 일본의 국왕은 교역을 위해 오는 네덜란드 사람들에게 '십자가를 짓밟는 의식'을 명하고 있었다고 한다. 아마도 일찍이 서양 국가들과 교역을 했던 일본이 선교를 막기 위해 많은 노력을 했던 것 같다. 여전히 복음화율이 현저히 떨어지는 일본의 현실과 더불어 참 안타깝게 여겨지는 지점이다.

릴리퍼트의 소인배 마인드에서 벗어나라

《걸리버 여행기》에서 잘 알려진 부분은 소인국(릴리퍼트)과 대인국(브롭딩낵)이다. 릴리퍼트에서 국왕의 총애를 받게 된 걸리버는 자유를 얻게 되었고, 얼마 후 국왕의 비서실장 렐드레살의 방문을 받게 된다. 그는 걸리버의 손 위에서 비밀스럽게 릴리퍼트의 실상을 폭로한다. 그들은 서로 자신

들이 권력을 얻기 위하여 하찮은 문제들을 가지고 당파를 만들어 싸우며, 계란을 어느 쪽으로 깨 먹느냐는 문제로 촉발된 정치적 문제로 바로 옆에 있는 나라와 전쟁을 벌이고 있다는 것이다. 렐드레살은 다음과 같이 릴리퍼트의 문제를 전하며, 도움을 요청하고 있다.

1850년대 프랑스어판 《걸리버 여행기》에 삽입된 걸리버와 소인국 황제.

다른 나라 사람에게는 릴리퍼트가 번영하고 있는 것처럼 보일지도 모르지만, 지금 우리는 두 가지의 어려움에 직면해 있습니다. 내부적으로는 격렬한 당쟁이며, 외부적으로는 적의 침략에 대한 위

험을 가지고 있습니다. 우선 지난 70개월 이전부터 이 나라에는 두 개의 당파가 서로 논쟁하고 있다는 사실을 이해하시길 바랍니다.

그들은 구두의 높은 굽과 낮은 굽에서 파생된 '트라멕산', '슬라멕산'이라는 이름으로 당파를 구별하고 있습니다. 높은 굽이 이제까지의 제도에 가장 잘 부합된 것도 사실입니다. 그러나 지금의 국왕은 행정부나 왕궁에 관련된 모든 직책에 오직 낮은 굽을 신은 사람만을 등용하기로 결정하였습니다. 당신도 보셨겠지만 국왕이 신고 있는 구두의 굽은 다른 사람들이 신고 있는 신발보다 1드러르 정도는(1드러르를 미터 단위로 환산하면 약 1.8밀리미터가 된다) 낮은 것입니다. 이들 당파간의 적대감은 굉장히 커서 함께 식사를 하거나 술을 마시지도 않고, 심지어는 서로 이야기도 같이 나누려고 하지 않습니다. …

이와 같이 내부적으로 편안하지 못한 가운데 우리는 블레훠스크로부터 침략의 위협을 받고 있습니다. …

릴리퍼트와 블레훠스크라는 강력한 나라들은 지난 36개월 동안 한 치의 양보도 없는 전쟁을 수행하고 있습니다. 그 전쟁은 다음과 같이 시작되었습니다. 계란을 먹기 전에, 그것을 깨는 가장 오래 된 방법은 넓고 둥근 방향의 끝부분을 깨는 것이었습니다. 그런데 지금 국왕의 할아버지께서 아직 소년이었을 당시 그동안의 관습대로 계란을 깨다가 손가락을 베는 사건이 일어났습니다. 이렇게 되자 그의 아버지였던 당시의 국왕이 새로운 법을 만들어 모든 사람들에게 계란을 깰 때에는

《걸리버 여행기》의 1726년판 소인국 지도에는 릴리퍼트와 블레훠스크가 수마트라 남쪽과 디멘국 북쪽에 위치한 섬이다. 실제 섬은 현재의 킬링제도와 크리스마스섬이다.

좁은 방향의 끝부분을 깨도록 명령하고, 이것을 어기는 사람이 있을 경우에는 엄한 벌을 내리기로 결정하였습니다. 역사책을 보면, 한동안 국민들은 이 법에 대하여 몹시 화가 나서 이 문제로 인해 여섯 차례의 반란을 일으켰습니다. 반란에 휘말렸던 어느 국왕은 목숨까지 잃었으며, 왕위까지 잃었던 사람도 있었습니다.

내란은 언제나 블레휘스크에 의하여 선동되었으며, 진압이 되고 난 다음 반란을 주도하였던 주동자들은 언제나 그 왕국으로 망명을 하였습니다. 통계에 의하면 그 동안 1만 1천 명이나 되는 사람들이 여러 차례에 걸쳐 좁은 방향의 끝부분으로 계란을 깨기보다는 차라리 죽음을 택하였던 것입니다. 이 문제에 관하여 수많은 책들이 출판되었습니다. 그러나 넓은 방향의 끝부분을 깨는 것에 대하여 옹호하는 사람들은 오랫동안 출판과 판매의 자유가 금지되어 왔습니다. 그리고 법에 의하여 그들은 공직에도 취임하지 못하도록 되어 있습니다.

계란의 넓은 방향 끝 부분을 깨어먹는 파에서 망명을 한 사람들은 블레휘스크의 국왕으로부터 많은 신임을 받고 있으며, 또한 고향인 릴리퍼트에 있는 자기파의 사람들로부터도 많은 도움과 격려를 받고 있기 때문에 지난 36개월 동안 두 나라 사이에는 언제나 피비린내 나는 전쟁이 계속되었던 것입니다. …

지금 그들은 수많은 함대를 무장시킨 채 머지않아 쳐들어 올 준비를 하고 있습니다. 국왕은 당신의 용기와 힘에 대하여 많은 믿음을 가지고 있으며, 그러기에 이러한 이야기를 당신에게 전하라고 나에게 명령하였던 것입니다.(제1부 4장)

국익보다는 권력을 위한 정쟁으로, 국민의 삶의 아무 관계가 없는 문제로 싸우고 다투는 소인배 정치인들, 나아가서 우리 모두의 모습을 이처럼 풍자적으로 묘사할 수 있을까? 릴리퍼트 정치인들은 블레훠스크와의 전쟁에서 피해가 전혀 없이 승리로 이끌고 평화협정을 체결한 걸리버를 탄핵하려 한다. 자신의 오줌으로 왕궁의 불을 꺼준 걸리버를 왕궁에 오줌을 싸지 말아야 하는 법을 어겼다는 이유로 모함하려 한다. 릴리퍼트에서 큰 권력을 가진 재무장관과 군대장관은 자신의 명예가 실추되는 것을 걱정

1891년에 발행한 《걸리버 여행기》 1891 에디션을 위한 H. J. 포드의 삽화.

한 나머지 그럴 듯한 이유를 만들어 걸리버를 탄핵하기에 이른다. 걸리버는 결국 릴리퍼트를 떠나게 된다. 얼마나 큰 손실인가?

사도바울은 서로 자신들의 은사를 자랑하며 스스로를 높이며 당파를 만들어 싸우는 고린도교회 성도들을 책망한다.

'내가 이것을 말하거니와 너희가 각각 이르되 나는 바울에게, 나는 아볼로에게, 나는 게바에게, 나는 그리스도에게 속한 자라 한다는 것이니'(고전 1:12)

이들은 왜 당파를 만들었는가? 하나님나라와 주의 교회를 생각하지 않고, 시기와 질투의 마음에 굴복하는 소인배 그리스도인이었기 때문이다.

'너희는 아직도 육신에 속한 자로다 너희 가운데 시기와 분쟁이 있으니 어찌 육신에 속하여 사람을 따라 행함이 아니리요'(고전 3:3)

수많은 교단으로 나뉘어 서로 자신을 높이며, 나는 루터파니, 나는 칼빈의 전통을 따르니, 나는 웨슬리의 교훈을 소중히 여긴다느니 하는 것이 얼마나 어리석은 일인가? 장로교니 감리교니 순복음이니 침례교니 다 좋다. 우리가 무엇을 위하여야 하는지만 늘 기억하고 잊지 않아야 한다. 우리가 자신을 높이기 위해, 혹 타인들을 시기하고 질투해서 분쟁을 일으키면, 주님의 몸된 교회는 깨어지는 것이다. 교회 안에서도 자기가 중심이 되면 반드시 분쟁이 일어난다. 내가 인정받는 것이 중요하고, 내가 높아지는 것이 동기가 되고, 내 이상이 실현되는 것이 먼저가 되면 공동체는 반드시 깨진다. 교회의 많은 지체들이 큰 상처와 아픔 속에 믿음을 잃어버리게 된다. 하나님의 백성들이여! 릴리퍼트의 소인배 마인드에서 벗어나자. 하나님을 사랑하고 이웃을 사랑하면 주님께서 우리 모두를 높이시고, 공동체가 천국으로 변하며 그 안에서 각자는 큰 복을 누리게 될 것이다.

좀 더 넓은 시각으로, 하나님의 관점으로 인생을 바라보자

걸리버는 두 번째 여행에서 큰 사람들의 나라 브롭딩낵에 가게 되었다. 그는 거기에서 애완견보다도 작은 구경거리에 지나지 않는 자신을 보게 된다. 자신을 돌봐주는 어린 소녀에게 말을 배운 그는 브롭딩낵 국왕과 자신의 나라 영국에 대해 여러 차례 만나 대화를 나누게 되었다. 그는 영국을 무시하지 않게 하려고, 최대한의 찬사를 사용해 국왕의 질문에 답하려고 노력했다. 모든 대화가 끝나고 국왕은 영국에 대해 다음과 같은 의견을 전했다.

나의 조그마한 친구 그릴드릭, 그대는 영국이라는 나라에 대하여 아주 놀랄만한 찬사를 하였습니다. 그대는 하원의원의 자격을 정하는 데 있어서 무지와 태만, 사악이 많은 내용을 이루고 있음을 증명하였습니다. 그리고 그대의 나라에서는 온통 법을 악용하고 왜곡하며 회피하는 일에 많은 관심과 노력을 기울이는 자들이 있으며, 이들에 의해 법이 가장 잘 설명되거나 해석되고 있으며 적용된다는 사실에 대해서도 잘 알려 주었습니다.

만들었을 당시에는 아주 좋았을 제도들이 그대의 나라에서 조금씩 허물어지기 시작하다가 이제는 부패되어 완전히 희미해지거나 제멋대로 변모되었다는 것을 알 수 있었습니다. 그대의 말을 들으면서 알게 된 것인데, 어떤 지위에 대하여 가장 잘 어울리는 사람이 그 지위에 등용되고 있다는 것은 전혀 확인할 수 없었습니다.

덕망에 의해 귀족이 되거나, 학식에 의해 사제들이 승진하는 것 같지도 않으며, 용기 있는 행동 때문에 군인들이 승진을 하거나, 정직하기 때문에 재판관들이 영달을 하고, 국가를 사랑한다고 국회의원에 선출되거나, 지혜가 있다고 해서 국왕의 고문들이 총애를 받게 되는 것도 아닌 것 같습니다. 삶의 많은 부분을 여행하는 일에 바친 그대는, 그대의 조국이 저지른 많은 악덕으로부터 벗어나 있었다고 나는 믿고 싶습니다.

그대의 이야기를 종합하여 보았을 때, 그대의 민족 대부분이 세상의 표면에 기어다니게 된 생물들 가운데 가장 유해하고 밉살스러우며, 작은 벌레들의 모임인 것으로

리처드 레드그레이브가 《걸리버 여행기》 그린 삽화 '브롭딩낵에 간 걸리버'.

223

나는 결론을 내릴 수밖에 없습니다.(제2부 6장)

걸리버는 브롭딩넉의 시각으로, 좀 더 넓은 시각으로 보았을 때 영국이라는 나라가 얼마나 하찮은 모임인지 깨닫게 되었다. 브롭딩넉 국왕은 18세기 당시 최강대국이었던 영국이라는 나라를 유해하고 밉살스러운 작은 벌레들의 모임이라고 정의했다. 이것이 우리나라에는 적용되지 않겠는가? 우리가 볼 때 세계 최강대국인 것처럼 보이는 나라들에는 적용되지 않겠는가? 타락한 인간들의 모임은 결국 그런 것이다. 우리의 노력으로 이룰 수 있는 세상이란 결국 그런 것이다. 우리는 좀 더 넓은 시각으로 보아야 한다. 자신이 우물 안 개구리임을 아는 사람만이 좀 더 넓은 시각으로 자신을 바라볼 수 있다. 18세기 유럽은 자신들의 이성으로 세상을 아름답게 만들 수 있다는 교만이 팽배하던 시대다. 조나단 스위프트는 어떻게 인간의 한계를 인식하고 더 넓은 시각으로 스스로를 바라볼 수 있게 되었는가? 그것은 바로 하나님의 말씀, 즉 하나님의 관점으로 인생을 바라보았기 때문일 것이다. 강대국을 자부했던 영국이 세계 각지의 식민지에 했던 만행들, 그 귀족들이 일으킨 장미 전쟁을 비롯한 역사를 살펴보면 브롭딩넉 국왕의 평가가 결코 무리가 아니라는 생각이 든다.

1710년 찰스 저바스가 유화로 그린 초상화 '조나단 스위프트'.

바울은 그리스도를 아는 지식이 가장 고상한 것이라고 고백한다.

'그러나 무엇이든지 내게 유익하던 것을 내가 그리스도를 위하여 다 해로 여길뿐더러 또한 모든 것을 해로 여김은 내 주 그리스

도 예수를 아는 지식이 가장 고상하기 때문이라'(빌 3:7-8)

바울이 자신을 시기하고 질투하는 많은 이들에도 불구하고, 수많은 박해와 고난에도 불구하고 세계적인 선교사역자로 살아가게 된 이유는 더 넓은 시각으로, 하나님의 관점으로 자신을 바라보았기 때문이다. 그는 자신이 죄인 중의 괴수이며, 만삭되어 나지 못한 자와 같다고 고백했다. 그리고 그러한 자신을 구원하신 놀라운 하나님의 은혜를 깨닫게 된 것이다.

사실 바울은 인간적으로 남들보다 좋은 조건을 가진 사람이었다. 당대 유대인들 중 최고 지식인이었으며, 순수한 히브리 혈통이었으며, 로마 시민권자였다. 최고 스펙을 자랑하던 사람이었다. 그러나 그런 세상의 시각으로 자신을 바라보고 다른 사람들 위에 군림하려 했다면, 자신도 불행하고 남들도 불행하게 만드는 벌레 같은 인생이 되었을 것이다. 좀 더 넓은 관점으로 자신을 바라보자. 자신의 스펙, 자신의 자랑거리를 가지고 남들 위에 군림하려는 도토리 키 재기는 이제 그만 멈추자. 바울과 같이 하나님께서 주신 비전으로 천하 만민이 믿어 순종하여 하나님의 백성으로 복을 누리게 하는 큰 비전을 꿈꾸며 살아가자. 주님께서 바울을 통해 이루신 놀라운 일을 우리를 통해 이루실 것이다.

'나의 복음과 예수 그리스도를 전파함은 영세 전부터 감추어졌다가 이제는 나타내신 바 되었으며 영원하신 하나님의 명을 따라 선지자들의 글로 말미암아 모든 민족이 믿어 순종하게 하시려고 알게 하신 바 그 신비의 계시를 따라 된 것이니'(롬 16:25-26)

영생은 주님과 교제하는 새로운 삶이다

걸리버는 하늘을 나는 섬 라퓨타와 그 식민지 발니바르비를 돌아보고, 럭낵이라는 섬에 도착했다. 그 나라에는 아주 드물게 왼쪽 눈썹 위에 붉고 둥근 점을 가지고 태어나는 불사의 인간 스트럴드블럭이 살고 있었다. 걸리버는 죽지 않는 사람을 너무나 부러워했다. 부를 쌓고, 지혜를 쌓고, 많은 좋은 일을 하며, 죽음의 공포에서 벗어나 영원히 지복을 누리며 살아갈 수 있을 것이라고 상상했다. 하지만 그가 만난 스트럴드블럭들은 예상과 너무나 다른 삶을 살고 있었다. 그들은 죽지만 않을 뿐이지 늙어서 정신을 잃고, 다른 사람들을 이해하지 못하여 고집이 세고, 언어가 변함에 따라 다른 사람들과 의사소통도 불가능해지며, 온갖 미움의 대상이 되며, 죽음을 질투하는 비참한 삶을 살고 있었다. 사실 우리가 노인을 보면 이미 스트럴드블럭을 예상할 수 있지 않은가? 럭낵 사람들은 누구도 스트럴드블럭을 부러워하지 않고 있었다. 오히려 그들을 저주 받은 인간으로 인식하고 있었다. 통역을 맡은 이는 스트럴드블럭에 대해 다음과 같이 설명한다.

1839년 《걸리버 여행기》에 J. J. 그랜빌의 삽화를 게르트 퀴벨러가 복제하여 넣은 '걸리버가 하늘을 나는 섬 라퓨타를 발견하다'.

그는 스트럴드블럭에 대한 상세한 설명을 시작하였다. … 스트럴드블럭이 60세에(이 나이는 럭낵에서 삶의 한계로 받아들여지고 있었다) 이르렀을 때, 그들은 노망을 부리거나 조금씩 어리석어지며 죽지 않음으로 인하여 생기게 되는 무서운 절망을 갖게 된다. 그들은 고집이 세고, 불평을 많이 하고, 욕심이 많고, 언제나 침울하고, 허영심이 많고, 수다스럽고,

남을 사랑할 줄도 모르며, 손자보다 아랫대의 후손들에게는 어떠한 애정도 주지 않는다. 그들은 시기와 이루어질 수 없는 욕망으로 가득 차 있다.

그들이 주로 질투하는 것은 젊은 사람들의 행동과 나이든 사람들의 죽음이었다. 젊은 사람들의 행동을 바라보면서 그들은 모든 쾌락으로부터 자신들이 제외되어 있다는 것을 깨닫게 되었다. 장례식을 볼 때마다 자신들이 갈 수 없는 영원한 안식처로 죽은 사람들이 떠나는 것을 보고 매우 한탄하였다. …

스트럴드블럭 가운데에서 그래도 나은 사람은 노망이 들어서 전혀 기억하지 못하는 사람이다. 그들은 다른 사람들로부터 더 많은 동정과 도움을 받을 수 있다. 노망이 든 사람에게는 다른 스트럴드블럭이 가지고 있는 나쁜 성품을 찾아볼 수 없기 때문이다. …

스트럴드블럭이 80세에 이르게 되면 법적으로 죽은 것으로 간주된다. 그들의 상속자는 즉시 스트럴드블럭의 재산을 상속받는다. 스트럴드블럭의 생계를 위하여 작은 수입만이 남겨지게 된다. …

90세가 되면 그들의 이와 머리털은 죄다 빠지게 된다. 음식 맛이나 식욕도 함께 없어진다. … 럭낵의 언어는 항상 변화하고 있었다. 한 세대의 스트럴드블럭은 다른 세대의 말을 잘 이해하지 못한다. 2백 년이 지난 다음에는 몇 마디의 일반적인 언어를 제외하고는 사람들과 대화를 나눌 수도 없다. 마치 외국인같은 불편을 겪게 되는 것이다. …

스트럴드블럭은 모든 사람들로부터 미움을 받는다. 스트럴드블럭이 태어나게 되면 불길한 징후로 간주한다. …

여자들은 남자들보다 더욱 추했다. 그들은 나이가 들어가면서 점차로 송장 같은 모습을 지니게 되는 것이었다.(제3부 10장)

걸리버는 이 이야기를 다 듣고 나서 자신이 스트럴드블럭이 된다면 사형법을 받아들이겠다고 생각했다. 안티에이징에 대해 많은 이야기를 하는데, 다 허상일 뿐이다. 웰빙에 대해 이야기하는데, 건강도 우리 마음대로 되지 않음을 잘 알고 있지 않은가. 진정한 영생의 소망을 알지 못하는 인간은 진시황처럼 단순히 죽지 않고 영원히 살기를 바란다. 단순히 죽지 않고 삶이 연장되면 더 부자가 되고, 더 지혜로워지며, 더 많은 것을 누릴 것이라 생각한다. 하지만 단순히 불사하는 것은 오히려 저주에 가깝다.

성경에서 약속하는 영생은 불사와는 차원이 다르다. 우선 영생은 이생을 살아가는 동안에 더 풍성한 삶을 살아가는 것이다. 나아가 내세에서 영원히 썩지 않을 몸을 입고 새로운 몸으로 살아가는 것이다. 따라서 영생의 핵심은 불로에 있는 것이 아니다. 이전과 다른 방식의 실존이 영생의 시작이다. 작가 조나단 스위프트는 성경적인 우리의 잘못된 불사의 소망 대신에 성경적인 영생을 깨닫고 소망하도록 우리를 인도한다. 영생의 핵심은 하나님과 예수 그리스도를 알고, 주님과 교제하며 새로운 삶을 살아가는 것이다.

'영생은 유일하신 참 하나님과 그가 보내신 자 예수 그리스도를 아는 것이니이다'(요 17:3)

따라서 영생은 삼위일체 하나님을 알고 그 하나님의 보내심을 받아 거룩한 존재로 변모하여 이 땅에서 새로운 삶을 사는 것이다.

'아버지께서 나를 세상에 보내신 것 같이 나도 그들을 세상에 보내었고 또 그들을 위하여 내가 나를 거룩하게 하오니 이는 그들도 진리로 거룩

함을 얻게 하려 함이니이다'(요 17:18-19)

이 놀라운 영적 실존이 죽음 이후에 새로운 몸을 입는 부활로 이어지는 것이다.

'보라 내가 너희에게 비밀을 말하노니 우리가 다 잠 잘 것이 아니요 마지막 나팔에 순식간에 홀연히 다 변화되리니 나팔 소리가 나매 죽은 자들이 썩지 아니할 것으로 다시 살아나고 우리도 변화되리라 이 썩을 것이 반드시 썩지 아니할 것을 입겠고, 이 죽을 것이 죽지 아니함을 입으리로다'(고전 15:51-53)

예수 그리스도를 통해 진정한 영생을 이 땅에서 누리고, 죽음 이후에 영원한 부활의 삶을 누리길 소망하며 헛된 불사에 대한 소망을 접고 육체가 약하여질수록 주님 안에서 속사람이 더욱 영생에 가까워지길 소망하자. 진정한 영생은 주님과 교제하는 삶에서 시작되며, 하나님나라가 도래하는 그 곳에서 우리의 영생은 이미 시작된 것이다.

주인공 레뮤엘 걸리버가 여러 나라를 여행하고
직접 쓴 1인칭 시점의 여행기 형식의 소설

작은 사람들의 나라 - 릴리퍼트 기행(1부)

나 레뮤엘 걸리버는 견습의사로 일하면서 언젠가 항해하기를 기대하며 항해술과 수학과 물리학을 공부했다. 런던에서 외과의사로 일했으나, 사업이 기울게 되었고, 1699년 선상의사로 엔틸로프 호를 타고 항해를 시작했다가 풍랑을 만나 홀로 한 섬에 도착했다. 그곳은 12cm도 안 되는 사람들이 사는 곳이었다. 그 나라에서 나는 '산 같은 사람(퀸버스 플레스트린)'으로 불리었고, 신사다운 행동으로 호감을 얻을 수 있었다. 그 나라 사람들은 높은 지위를 얻기 위하여 국왕 앞에서 줄타기를 했다. 오랫동안 떨어지지 않고 줄 위에서 춤을 잘 추는 사람이 자리를 얻는다. 나는 릴리퍼트에서 몇 가지 조항을 지키기로 선서하고 자유를 얻게 되었다. 나는 수도를 구경하게 되었고, 수행원 렐드라살의 폭로로 그 나라의 실상을 알게 되었다. 두 가지 어려움-내부적으로는 격렬한 당쟁, 외

부적으로는 적의 침략에 대한 위험-에
처해있었다. 높은 굽과 낮은 굽의 트라멕
산과 슬라멕산이라는 두 당의 당파싸움
이 심했는데, 굽의 차이는 1.8mm에 불
과했다.

또한 바로 몇 백 미터 거리에 있는 섬
블레훠스크(Blefuscu)의 침략의 위협을 받
고 있다. 나는 밧줄을 준비하고 잠시 혜엄
을 쳐서 블레훠스크 항구에 도착하여 50

1803년 제임스 길레이가 에칭과 아쿠아
틴트 인쇄로 만든 《걸리버 여행기》 삽화
'브롭딩낵 왕과 걸리버'.

여척의 적 함대를 끌고 와서 '나르다크'라는 최고의 칭호를 받게 되었다.
릴리퍼트 국왕은 블레훠스크 전체를 지배 하에 두고, 계란의 넓은 방향을
깨먹어야 한다고 주장하며 망명을 가 있는 사람들을 모두 처단했다. 아울
러 모든 사람들이 계란의 좁은 방향을 깨트려 먹도록 강요하려 했다. 나
는 릴리퍼트가 블레훠스크를 노예로 삼는 것에 반대하고, 두 나라가 평화
의 조약을 맺게 했다. 그러던 중 왕비의 침소에 불이 났고, 나는 급히 왕궁
으로 가서 소변으로 불을 껐다. 그 사건을 통해 왕비는 앙심을 품었고, 궁
정 부근에서 소변을 보는 자를 사형에 처하기로 한 법에 따라 사형까지는
아니지만 처벌을 받게 되었다.

릴리퍼트 사람들은 미세한 것은 잘 보았지만, 멀리 있는 것은 보지 못
한다. 자신들의 신앙에 따라 죽은 사람은 머리를 거꾸로 묻는다. 밀고자는
사형이다. 도둑질보다 사기죄가 강하게 처벌받는다. 73개월간 이 나라의
법률을 엄격히 지킨 사람은 국가기금을 받아 생활할 수 있다. 사람들을
채용하는데 있어서는 도덕적인 측면을 가장 중요하게 여기는 원칙을 가

1915~1920년 사이 타데우스 프루츠코프스키가 그린 유화 <걸리버와 거인>.

지고 있다. 그러나 줄타기로 직위를 얻게 되고, 당파와 파벌이 증가하는 것은 이 나라의 큰 문제였다. 배은망덕은 사형이다. 결혼은 종족번식의 자연 법칙을 따르는 것이기에 효도의 의무는 전혀 없다. 귀족학교는 명예, 정의, 용기, 겸손, 관용, 종교, 애국심을 배운다. 소녀귀족학교에서는 장식품들을 경멸한다. 외모보다 인품이다.

나는 9개월 13일간 릴리퍼트에 있으면서 많은 대접을 받았다. 그러나 나에게 드는 비용이 너무 많았기에 재무대신 플리냅은 나를 추방하려 했다. 그는 자신의 아내가 나를 좋아한다는 루머도 퍼트렸다. 그는 나보다 칭호도 한 단계 낮았다. 나는 말하자면 공작이었고, 그는 후작이었던 셈이다. 나를 탄핵하기 위한 음모가 진행되었고, 궁중관리가 그 사실을 나에게 몰래 알려주었다. 여러 권력자들이 나를 탄핵하려 하는데, 특히 해군사령관은 내가 블레훠스크를 무찔렀기에 자신의 명예가 희미해진 이유로 나를 더욱 증오하게 되었다. 나는 재판을 받을까 하다가 블레훠스크로 망명하는 것을 선택했다. 나는 그곳에서 많은 선물을 받고 고국으로 돌아올 수 있었다.

큰 사람들의 나라 - 브롭딩낵 기행(2부)

두 달 정도 후에 어드벤처 호를 타고 다시 항해를 떠났다. 희망봉을 지나 마다가스카르 해협을 지날 때 풍랑을 만나 동쪽으로 2만 킬로 정도 이동하다가 큰 섬을 발견하고 보트로 물을 구하러 그 섬에 도착했다. 큰 괴물이 나타나 다른 이들은 보트를 타고 도망하고, 나만 남게 되었다. 풀이 6미터, 곡식들 길이가 12미터, 나무들이 36미터, 층계 하나가 높이 1.8미터인 거인들의 나라였다. 나는 한 거인 농부에게 붙잡혔고, 그의 집에 가게 되었다. 나는 그 집 막내아들의 장난과, 고양이와 쥐의 위협으로 죽을 뻔했다. 다행히 주인의 9살 딸이 애완동물처럼 나를 돌보았다. 나는 글리드릭(소인)이라고 불리었고, 그 소녀(글룸달클리치)의 도움으로 목숨을 부지할 수 있었다. 그녀는 글을 가르쳐주었다. 나는 구경거리가 되어 주인을 위해 재롱을 피우고, 주인은 많은 돈을 벌었다.

그는 더 큰 돈을 벌기 위해 나를 데리고 수도 로브럴그라드로 갔다. 주인의 욕심으로 나는 건강이 극도로 악화되고 뼈만 남게 되었다. 주인은 내가 죽을 것이라 생각하고 죽기 전에 더 큰 돈을 벌려 했다. 주인은 나를 데리고 왕비에게 데려갔고, 나는 금화 천개를 받고 팔렸다. 다행히 주인의 딸 글룸달클리치가 같이 왕궁에 있게 되었다. 왕비는 왕에게 나를 데려갔고, 왕은 그 나라의 학자들을 불러 나를 연구하게 했다. 그들은 오랜 연구 끝에 내가 자연의 장난에 의해 생겼다는 결론을 내렸다. 자신들이 잘 모르면 무지를 감추기 위해 용어를 만들어 말하는 유럽의 철학교수들처럼 브롭딩낵 학자들도 그랬다. 왕은 나와 이야기를 한 뒤 내가 사람이라는 것을 믿게 되었다. 왕비는 내가 잘 지낼 수 있도록 침실도 만들고, 침대도 만들어 주었고, 옷도 만들어 주었다. 왕은 나에게 유럽의 관습, 종교, 법률, 정치, 학문 등에 대해 물어보았고, 나에게 의견을 제시하기도 했다. 그곳에서 영국은 큰 무시를 당

1862년 샤를-아메데 콜린이 《걸리버 여행기》 삽화로 그린 '걸리버와 글룸달클리치'.

했으며, 왕궁의 난쟁이까지도 나를 무시했고 괴롭혔다. 그가 처벌받기는 했지만.

이곳은 북미의 동쪽 끝에 붙어 있었지만 산맥으로 막혀 있어 다른 나라와의 교류가 없었다. 일반 물고기는 너무 작아 먹지 않고, 고래만 먹었다. 그곳에서 나는 위험한 일을 아주 많이 겪었다. 난쟁이의 장난으로 거대한 사과가 내 등으로 떨어졌고 유럽의 우박보다 1,800배 큰 우박의 위협도 있었다. 나는 물통에서 뱃놀이를 하며 구경거리가 되었는데, 개구리에게 죽을 뻔하기도 했고 원숭이가 새끼 취급을 하는 바람에 죽을 뻔하기도 했다. 산책을 나갔을 때는 소똥에 빠져 위험에 처하기도 했다.

나는 매주 궁중의 행사에 참여했다. 어느 날 용기를 내어 국왕과 영국 정부에 관해 이야기를 나눴다. 나는 귀족의 가문에 대해, 입법, 사법, 국방, 국교, 정치나 정당, 역사적 사건들 등등에 대해 이야기했다. 국왕은 나의

이야기를 모두 기록하면서 질문하고 반박도 했다. 귀족의 자격은 무엇이며, 성직자들은 신실한 신앙으로 그 자리에 오르는지, 국회의원 선거는 어떻게 이뤄지는지, 사법의 절차는 얼마나 오래 걸리는지, 전쟁이나 국방에 대해서도 물어보았다. 국왕은 지난 1세기 동안 일어난 역사적 사건들을 듣고, 아주 놀랐다. 영국의 역사는 결국 음모, 반란, 살인, 학살, 추방의 집합에 불과하다는 것이다. 결국 브롭딩낵 국왕은 영국이 작은 벌레들의 모임이라고 밖에는 표현할 방법이 없

다는 결론을 내렸다. 나는 최대한 조국의 정치에 대해 추한 점을 감추고 아름다움을 설명하려 했지만 실패했다.

나는 3, 4백 년 전에 발명된 전쟁 무기인 화약에 대해 설명하고 무기를 만들도록 도와주겠다고 제안했다. 그러나 국왕은 매우 혐오스럽게 생각하고 바로 거절했다. 대신 농업기술에 대해서는 매우 중요하게 생각했다. 나는 자유의 몸이 되고 싶어졌다. 이 나라에 머문 지 3년이 되어갈 무렵, 왕과 왕비를 따라나서 상자에 들어가 운반되다가 바닷가에서 독수리에 의해 상자가 바다에 떨어졌고, 구조되어 고향으로 돌아갈 수 있게 되었다.

하늘을 나는 섬의 나라 :
라퓨타, 발니바르비, 럭낵, 글럽덥드립, 일본 등의 나라 기행(3부)

하늘을 나는 섬(라퓨타)

호프웰 호를 타고 다시 항해를 떠났다. 풍랑과 해적을 만나 보트를 타고 이 섬 저 섬 표류하다가 하늘을 나는 섬을 보게 되었고, 줄이 내려와 그리로 끌어올려졌다. 하늘을 나는 섬 사람들은 머리는 오른쪽이나 왼쪽으로 기울어져 있었고, 눈도 하나는 안쪽으로, 하나는 위로 올라가 있었다. 옷에는 해와 달, 별들과 악기들의 그림이 그려져 있었다. 이 섬 높은 사람들은 강한 사색에 사로잡혀서 시종(클라임놀: 머리 두드리는 사람) 누군가가 외부의 자극으로 깨워야 했다. 왕궁에 도착하니 지구의와 하늘의 모양을 표시한 천구, 수학기구들로 가득했다. 왕은 나를 알아보지 못했다. 한 시간쯤 지나 문제를 풀고 시종을 통해 내가 온 것을 생각해 냈다. 식사를 하는데 도형 모양의 고기와 푸딩, 악기 모양으로 구워낸 오리와 소시지 등이 나왔다. 시종들이 빵은 수학적인 도형 모양으로 잘랐다. 수도인 래가도로 가는 도중 섬을 멈추어 아래의 도시와 마을에서 탄원서를 받았고, 음식물을 끌어올리기도 했다.

여기 사람들은 수학과 음악에 대한 지식이 많았다. 그러나 실용적인 기하학을 천박한 것으로 생각하여 건물은 매우 조잡했다. 상상이나 발명 같은 개념도 알지 못했다. 그들은 점성술을 믿고 있었고, 뉴스와 정치에 강한 취미를 갖고 있었다. 유럽의 철학자들과 비슷했다. 그들은 자신과 아무런 관계가 없는 일에 더욱 관심을 보이고, 언제나 불안에 싸여 있었다. 태양이 접근해서 지구를 삼키면 어쩌나, 혜성이 지구를 파괴하면 어쩌나 걱정했다. 반대로 여자들은 활기에 차 있었고, 남편들을 멸시했다. 국왕은 법, 정부, 역사, 종교, 관습 등에 대해서는 관심이 없고, 나에게 오직 수학에 한정하여 질문했다.

1943년 12월 발행된 《클래식 코믹스》(no. 16) 만화책에 릴리언 치즈니가 그린 걸리버 표지 일러스트.

하늘을 나는 섬(라퓨타)은 정확한 원형이고, 밑바닥은 평평한 철판이었다. 그 판 위에 광물들이 순서대로 덮여 있고 제일 위는 3~4미터 좋은 흙으로 덮여 있었다. 물이 섬의 중심에 있는 연못으로 모이게 되어 있고, 증발되어 넘치지는 않는다. 섬의 중심부에 둥근 천장을 가진 건물이 있고, 6미터 천연자석이 있으며, 강한 철석으로 만들어진 축에 의해 지탱되어 있었다. 이 자석으로 라퓨타는 국왕이 다스리는 여러 지역으로 위 아래로 움직일 수 있었다. 라퓨타는 지배하는 도시가 반란을 일으키면 먼저 도시 위에 머물러서 햇빛이나 비를 얻지 못하게 하고, 그래도 안 되면 돌을 떨어트린다. 그래도 반란이 멈추지 않으면 도시 위에 착륙시켜 집을 부수고 사람을 없앴다.

발니바르비

수학과 음악에만 관심이 있는 라퓨타 사람들에게 싫증이 느껴져 빨리 이 하늘을 나는 섬을 떠나고 싶어졌다. 궁중에는 국왕의 친척으로 나라를 위해 큰 봉사를 한 대신이 있었는데, 음악을 잘 몰랐기 때문에 무지하고 어리석은 사람 취급을 당했다. 그는 여러 나라들의 법, 관습, 예절, 학문에 대해 나에게 물어보았다. 나는 그에게 라퓨타를 떠나게 도와달라고 부탁했고, 그 섬에서 내려와 발니바르비의 수도 래가도로 가게 되었다.

나는 거기서 무노디라는 사람을 소개 받았고, 그의 집에 기거하며 융숭한 대접을 받았다. 나는 도시를 구경하게 되었는데, 집들은 이상한 모양으로 지어져 있었고, 옷차림은 대개가 누더기였다. 비참한 모습이었다. 40년 전 라퓨타에 다녀온 사람들

1768년판 《걸리버 여행기》에 실린 라퓨타와 발니바르비 지도.

이 래가도에 아카데미를 설립하고, 라퓨타의 예술과 새로운 기술을 기반으로 이상적인 계획에 따라 나라를 운영하여 모든 것이 엉망이 되었다는 것이다. 무노디만이 예전의 방식으로 일하며, 그의 영지만은 잘 운영되고 있었다.

나는 무노디에게 부탁해서 아카데미에 가보게 되었다. 5백 개가 넘는

방이 있었다. 오이에서 태양광선을 추출하는 연구, 대변을 원래의 음식으로 되돌리는 연구, 얼음에 열을 가하여 화약으로 만드는 연구, 지붕에서 아래로 내려오는 건축법 연구 등 실제 비용과 수고가 너무나 많이 들고 효과도 없는 연구들이 진행되고 있었는데, 그들은 이 연구들이 위대한 진보를 이룩할 수 있을지도 모른다고 믿었다. 거미에게 색이 있는 파리를 먹여 실을 뽑아 옷감을 만드는 연구, 배에 바람을 넣고 빼서 복통을 고치는 연구, 공기를 응축 건조시켜 만질 수 있게 하는 연구, 대리석을 부드럽게 하여 베개와 바늘꽃이로 만드는 연구, 기계적인 작용을 통해 아무리 무식한 사람도 철학, 시, 정치학, 법률, 수학, 신학 등 사색적인 학문에 대한 책을 쓸 수 있게 하는 연구, 문장을 만들어내는 기계를 발명하는 연구, 명사만 가지고 의사소통을 하도록 하는 연구, 과자에 여러 명제와 증명을 써서 먹고 소화되어 머리로 올라가는 연구 등이 진행되고 있었다.

나는 정치를 연구하는 학교에 갔다. 거기서는 공공의 복지를 위해 여러 대신들을 가르치는 계획, 국왕의 이익과 백성의 이익을 동일시하여 국왕에게 자기의 진정한 이익을 알 수 있도록 가르치는 계획, 자격을 제대로 갖춘 사람을 등용하는 방법 등 터무니없는 망상이 진행되고 있었다. 이런 것들은 인간의 본질이 바뀌지 않으면 불가능한 것들이었다. 정부의 특성을 아는 독창적인 연구자도 있었다. 그는 국민들의 방종은 물론 통치자에 의해 공공기관이 갖기 쉬운 병폐나 부패를 치료하기 위해 의학적인 치료법을 연구했다. 그는 국회의 회기가 시작되기 전에 의원들을 검진하여 나흘 째 되는 날 약을 제공하는 것을 연구하고 있었다.

정치에 대해 매우 현실적인 연구도 진행되고 있었는데, 국민들에게 유익이 되려면 상원의원들이 자신들의 주장과 정반대로 투표하게 하자는 주장을 하는 연구자도 있었다. 또한 두 정당이 싸울 때 머리 크기가 비슷한 사람들을 짝지어 머리를 톱으로 잘라 반대편 정당 사람의 머리와 반씩 붙여야 문제가 해결된다고 주장하는 연구도 있었다. 세금에 관한 연구도 있었는데, 세금을 공정하게 매기려면 남자들은 자신의 용기와 친절을 주장하는 만큼 세금을 내게 하는 것이다. 그러면 이웃이 세금 많이 내는 것을 인정하지 않을 것이며, 자신이 많이 내려고 할 것이다. 여자들은 미적 감각이 있다고 스스로 주장하는 만큼 세를 내게 하면 된다. 반란의 음모를 찾아내기 위해서는 대변을 조사하는 것이다. 왜냐하면 변기에 앉아서만 진지한 생각을 하기 때문이다. 나는 연구자에게 음모를 만들어 정적을 제거하는 기술을 알려주었는데, 연구자는 나의 이름을 논문에 언급하겠다고 했다.

글럽덥드립

나는 럭낵과 일본을 거쳐 고향으로 가는 배를 타려고 먼저 글럽덥드립(마술사의 섬)이라는 섬에 가게 되었다. 총독은 죽은 자들을 불러내는 마법을 가지고 있었다. 총독과 10일을 보내며 많은 유령들을 보게 되었다. 나는 알렉산더 대왕을 만나 그는 독살되지 않았고, 술을 너무 많이 마셔 열병으로 죽었다는 말을 들었다. 알프스를 넘는 한니발도 만났고, 카이사르와 로마의 원로원 사람들도 만나게 되었다. 카이사르는 자신을 죽인 브루투스가 훨씬 위대하다고 고백했다. 나는 호메

1726년판 《걸리버 여행기》 3부에서는 일본을 짧게 다루는데, 일본의 동쪽에 발니바르비, 라퓨타, 럭낵, 글럽덥드립이 그려진 허먼 몰의 지도가 있다. 일본의 서쪽은 'Sea of Corea'다.

로스와 아리스토텔레스, 그리고 그들의 말에 주석을 달고 해석한 사람들을 불러냈다. 해석자들은 두 사람과 도저히 만날 수 없는 곳에 떨어져 살고 있었다. 그들에 대해서 너무 왜곡되게 전했기 때문이었다. 아리스토텔레스는 자신의 이론에 대해 추측에 근거했다며 잘못을 인정했다.

나는 국왕들의 조상들을 불러냈다. 그랬더니 깡패 두 명, 아첨꾼 세 명, 성직자 한 명이 나왔다. 왕관을 쓴 자들이 왜 악당, 바보들이 많았는지 알게 되었다. 귀족 가문의 잔인함과 위선은 바로 정절을 지키지 않은 여성들에 의해 만들어진 것이었다. 지난 백년을 조사한 결과 역사가들은 심각하게 역사를 왜곡하여 영웅들을 겁쟁이로, 현자들을 바보로 만들었고, 매국노들을 영웅으로 바꾸었다. 영웅들의 어마어마한 지위나 재산은 위증, 억압, 매수, 사기 등으로 만들어진 것이다. 전쟁의 공은 황제의 첩 가운데 한 명의 시중을 드는 사람의 아들에게 돌아갔던 일도 있다.

럭낵에 간 걸리버.

럭낵과 일본

럭낵에 도착했다. 그 곳의 사람들은 공손하고 관대하였다. 그 곳에는 영원히 죽지 않는 스트럴드블럭이 존재했다. 붉고 둥근 점이 왼쪽 눈썹 바로 위에 있는 채 태어난 아이들이 바로 그들이었다. 나는 그들이 가장 행복한 사람들이라고 생각하고, 그들과 이야기를 나누면서 여생을 보내고 싶어졌다. 나는 고관에게 내 생각을 전했더니 나에게 스트럴드블럭으로 살면 어떻게 살아갈 거냐고 물었다. 나는 부를 이루는 방법을 찾아 최고의 부자가 될 것이며, 학문적으로 앞선 사람이 될 것이며, 지혜를 축적해 미래의 예언자가 될 것이며, 다른 스트럴드블럭들과 세월의 흐름을 관찰하여 세상의 부패를 막을 것이라고 말했다.

내 말을 들은 사람들은 크게 웃었고, 실제로 그들은 매우 불행하다고 현실을 말해 주었다. 그들을 질병을 지닌 채 죽을 수도 없는 상태로 죽음을 질투하며, 노망이 든 채 살아간다. 그들은 80세가 되면 법적으로 죽은 것으로 간주한다. 언어가 변하기 때문에 대화도 못하게 되고, 모든 사람의 미움을 받는다. 럭낵을 떠나 일본을 거쳐 고향으로 돌아왔다.

말들의 나라 - 휴이넘 기행(4부)

집으로 돌아와 다섯 달 지냈지만, 다시 아내의 동의를 얻어 어드벤처 호의 선장으로 출항하게 되었다. 풍랑을 만나 선원들이 죽어 새로운 선원을 뽑았는데, 대부분이 해적이었고 나는 어느 해안가에 버려졌다. 해안가에서 내륙을 향해 가다보니 동물이 보였다. 몸이 털로 뒤덮였고, 꼬리는 없었으며, 냄새가 심했고, 두 발로 서 있기도 했다. 태어나 이렇게 기분 나쁜 동물을 본 적이 없었다. 그들은 바로 야후라고 불리는 이

걸리버는 갑판원들의 반란으로 이상한 섬에서 말하는 지적인 경주말인 휴이넘들을 만난다. 휴이넘 섬은 호주 남쪽에 있다.

241

성이 없는 짐승들이었는데, 털을 제외하면 인간과 비슷한 모양이었다. 갑자기 말이 나타나자 야후들이 사라졌다. 이후 또 한 마리 말이 나타났다. 말들의 행동은 질서가 있었고, 이성적이며 침착했다. 그 말들은 휴이넘(자연의 완성이라는 뜻)이라고 부르는 이성이 있는 고상한 존재였고, 그들이 이 섬의 지배자들이었다. 그들의 언어는 독일어와 비슷했고, 그들은 나를 야후로 확신했다. 나는 휴이넘들과 소통하게 되었고, 그들은 내가 털이 많은 야후들과는 다른 이성이 있는 존재라는 것을 알게 되었다.

휴이넘들에게 여기까지의 여행과 영국에 대해 말했다. 그들은 영국을 야후들이 지배하고 있다는 것을 알고 깜짝 놀랐다. 그들은 범죄에 대해 알지 못했고, 나는 그들에게 욕망, 정욕, 무절제 등에 대해서도 가정으로 설명을 해야 했다. 권력, 정부, 전쟁, 법률, 처벌 등에 대해 설명할 용어가 없었다. 나는 휴이넘들에게 유럽의 상황, 특히 전쟁과 법률에 대해 설명했다. 유럽에서는 휘파람이 미덕이냐 악행이냐, 외투의 빛깔이 어떤 색이며 길이는 어느 정도여야 하는가 등이 전쟁의 이유가 된다. 다른 왕국 영토를 누가 가질까봐 싸우고, 다른 국왕이 또 다른 국왕과 싸울까봐 싸우고, 적이 너무 강해도, 너무 약해도 전쟁한다. 한 나라가 침략을 받아 다른 나라에 도움을 구하면, 그 나라는 도움을 주러 와서 침략자를 몰아내고 그 영토를 자기가 소유해 버리기도 한다. 혈연이나 결혼에 의한 동맹국들도 전쟁을 한다. 전쟁에 대한 이야기를 들은 휴이넘들은 우리가 이성을 갖지 않았을 거라고 확신하는 것 같았다.

그들은 법률이 어떻게 사람을 파멸로 이끄는지 의문을 가지고 물어보았다. 법률가들은 보수를 받기 위하여 하얀 것을 검다고, 검은 것을 하얗다고 증명하기 위하여 수없이 많은 낱말로 증명하는 기술을 배우는 사람들이다. 그들은 어려운 용어를 사용하여 진실과 허위 옳은 것과 그렇지 않은 것에 대한 판단을 혼란스럽게 만든다. 변호사들은 자신의 업무를 제외하고는 모든 면에서 가장 무식하고 어리석은 사람들이다.

유럽에서는 돈으로 무엇이든 살 수 있으며 가장 아름다운 여자도 선택할 수 있다. 비싼 음식을 위해 세계 여러 나라에서 재료를 구해온다. 유럽은 남자들의 사치와 무절제, 여자들의 허영을 위해 무역을 하고, 질병과 방탕과 죄악을 일으키는 재료를 들여온다. 사람을 무감각하게 만들고, 우울한 생각을 바꾸어 주며, 거칠고 허황된 생각을 품게 하는 술이 질병을 유발하며 삶을 짧게 한다.

나는 질병에 대해서도 이야기하게 되었는데, 휴이넘들은 이해하지 못했다. 질병은 서로 상반된 일을 하기 때문에 생긴다. 배가 고프지 않은데 먹거나, 목이 마르지 않은데 밤새도록 독한 술을 마시거나, 성적인 타락 등으로 큰 질병이 생긴다. 상상 속에만 있는 질병에도 걸리는데 주로 여자들이 걸린다.

나는 정치에 대해서도 말했다. 장관이 되는 방법은 세 가지인데 아내나 딸 혹은 여동생을 신중하게 다루는 것, 선임자를 배반하거나 헐뜯는 것, 공공 집회에서 궁중의 비리에 대하여 열성적으로 반대하는 것이다. 장관은 연약한 여자나 신임하는 부하의 지배를 받는다. 그들이 바로 장관의 결정의 통로다. 귀족들은 어렸을 때부터 게으름과 사치 속에서 자라난다. 나이가 들게 되면 그들은 음탕한 여자들 사이에서 저주스러운 병에 걸린다.

타락한 인간들과 다른 휴이넘들은 나에게 새로운 눈을 뜨게 해 주었으며, 인간들의 행동을 다른 시각에서 바라보게 되었다. 나는 이 나라에 머문 지 1년이 지나기 전에 휴이넘에 대하여 사랑과 존경의 마음을 품게 되었다. 나는 여기서 휴이넘들과 미덕에 대한 생각과 행동으로 여생을 보내고 싶어졌다. 그들이 야후들의 특성에 대해 말한 것은 영국 사람들에게 너무나 쉽게 적용되었다. 나는 야후들을 구경했다. 그들은 나를 같은 종족으로 이해하고, 나의 행동을 따라 하기도 했다. 몸에서 매우 역겨운 냄새가 났으며, 간사하며 성품이 악했다. 배반도 잘하고 복수심도 강했다.

나는 말들의 나라에서 3년을 살았다. 그들의 금언은 이성에 의한 지배를 받으라는 것이었다. 우정과 사랑은 그들에게 근원적인 미덕이었다. 그들은 이웃의 자식들에게도 똑같은 애정을 쏟았다. 이 나라에서의 유일한 논쟁은 야후들을 세상에서 근절시켜야 하는가에 대한 것이었다. 휴이넘

루이스 존 리드가 그린 《걸리버 여행기》에 잉크로 그린 삽화 '하인들이 야후 무리를 들판으로 몰다'. 야후는 인간 형태의 야수이며, 걸리버는 오히려 총명한 말들의 조용하고 합리적인 사회인 휴이넘을 더 선호한다.

들의 언어에는 악하다는 개념이 없었는데, 어리석은 게으름, 나쁜 날씨, 다리를 다치게 한 돌을 표현할 때 '야후 같은'이라는 말을 사용했다. 나는 그 곳에서 너무나 행복하게 지냈다. 나는 그들에 대한 경외감이 생겨났다. 그러면서 호수에 비친 나의 모습을 보게 될 때 증오와 혐오감을 감출 수 없었다. 나는 완전히 정착하고 싶어졌다. 그러나 주인은 야후같은 나를 동물처럼 대하지 않고, 휴이넘을 대하듯 집에 데리고 있는 것이 대표회의에서 거론되어 더 이상 함께 있는 것은 불가능해졌다고 돌아가라고 명령했다. 나는 슬픔과 절망에 사로잡혔고, 리스본을 거쳐 영국으로 돌아가게 되었다. 나는 야휴들에게 적응하기가 매우 힘들었다. 나는 두 마리의 말을 사서 돌보며 그들과 대화하며 이야기를 나누며 힘이 솟구쳐 오르는 것을 느낀다.

킹덤처치연구소
KINGDOM CHURCH INSTITUTE

하나님나라를 구현하는 건강한 교회를 꿈꿉니다

킹덤처치 SEMINAR

온라인 클래스

가입	수시가입 후 인강 시청 줌 특강 (지정된 날짜)
방식	App 다운로드 후 강의 수강 (킹덤처치연구소 검색후 설치)
내용	킹덤처치 이론과실제 ㅣ 하나님나라 신학원리 하나님나라 성경관통 ㅣ 하나님나라 제자훈련 [제자훈련, 15주성경관통, 12주성경통독] 양육실황

강사_이종필 목사

세상의빛교회담임
킹덤처치연구소 대표

특전
1. 강의안 PDF파일 제공
2. 양육용 PPT파일 제공
   (제자훈련, 15주 성경관통, 12주 성경통독)
3. 한 번 가입으로 평생 수강, 반복 수강
4. 줌 특강 4회 (특강내용변경될수있습니다)
   킹덤처치 개척 및 전통교회 혁신전략 ㅣ 중소형교회 목회리더십 빌드업
   민주화세대와 MZ세대 복음사역법 ㅣ 자기관리와 설교준비

문의 송민정간사 010-8794-1417